令和3年1月～3月 第122集

裁決事例集

一般財団法人 大蔵財務協会

は　じ　め　に

　現在、国税不服審判所における審査請求事件の裁決については、法令の解釈、運用上先例となり、他の参考となる重要な判断を含んだもの、また、事実認定に関し他の参考となる判断を含んだもの等が公表されています。

　本書は、国税不服審判所より公表された裁決を、多くの税理士、公認会計士、弁護士、行政法学者等の方々の便に資するため四半期ごとに取りまとめて「裁決事例集」として発行しているものです。

　今版は、「裁決事例集（第122集）」として、令和3年1月から令和3年3月分までの間に公表された裁決を収録しておりますが、今後公表される裁決についても逐次刊行していく予定です。

　本書が、日頃の税務上の取扱いの判断の参考となり税務事務の一助となれば幸いです。

　なお、収録されている裁決が、その後の国税に関する処分の取消訴訟において、その処分の全部又は一部が取り消されている場合がありますので、本書のご利用に際してはご注意ください。

令和3年11月

目　　次

〈令和3年1月分～3月分〉

一　国税通則法関係

（無申告加算税　その他）

1　外国子会社合算税制に係る所得が無申告であった者に対する無申告加算税の賦課決定処分において、内国税の適正な課税の確保を図るための国外送金等に係る調書の提出等に関する法律第6条《国外財産に係る過少申告加算税又は無申告加算税の特例》第2項を適用したことを適法とした事例（平成25年分から平成29年分の所得税等の決定処分等及び無申告加算税の賦課決定処分・棄却・令和3年3月26日裁決）…………………………………………………………………………………　3

（不納付加算税　告知の予知）

2　源泉所得税の納付が法定納期限後になったことについて、その納付が、告知があるべきことを予知してされたものではないと認められた事例（平成31年1月分の源泉徴収に係る所得税及び復興特別所得税の不納付加算税の賦課決定処分・一部取消し・令和3年1月20日裁決）……………………………………………………　36

（重加算税　隠ぺい、仮装の認定　認めなかった事例）

3　みなし相続財産に該当する生命保険金が申告漏れとなったことにつき、請求人が殊更過少な相続税申告書を提出したとは認められないとした事例（①平成29年3月相続開始に係る相続税の重加算税の賦課決定処分、②平成29年3月相続開始に係る相続税の更正処分及び過少申告加算税の賦課決定処分・①一部取消し、②全部取消し・令和3年2月5日裁決）……………………………………………………　50

（重加算税　隠ぺい、仮装の認定　認めなかった事例）

4　当初から相続財産を過少に申告することを意図し、その意図を外部からもうかがい得る特段の行動があったものと認めることはできないとして、重加算税の賦課決定処分を取り消した事例（平成29年12月相続開始に係る相続税の重加算税の賦課決定処分・一部取消し・令和3年3月1日裁決)………………………………… 68

（重加算税　隠ぺい、仮装の認定　認めなかった事例）

5　当初から相続財産を過少に申告することを意図し、その意図を外部からもうかがい得る特段の行動があったものと認めることはできないとして、重加算税の賦課決定処分を取り消した事例（平成29年8月相続開始に係る相続税の重加算税の賦課決定処分・一部取消し・令和3年3月23日裁決)……………………………… 84

（重加算税　隠ぺい、仮装の認定　認めなかった事例）

6　第三者が何ら根拠のない金額を必要経費として記載した試算表を作成した行為は、過少申告行為とは別の隠ぺい又は仮装行為に該当しないとした事例（平成29年分の所得税及び復興特別所得税の重加算税の賦課決定処分・一部取消し・令和3年3月24日裁決)……………………………………………………… 96

（重加算税　隠ぺい、仮装の認定　認めなかった事例）

7　第三者が何ら根拠のない金額を必要経費として記載した試算表を作成した行為は、過少申告行為とは別の隠ぺい又は仮装行為に該当しないとした事例（平成29年分及び平成30年分の所得税及び復興特別所得税の重加算税の賦課決定処分・一部取消し・令和3年3月24日裁決)……………………………………… 113

二　所得税関係

（同業者率を用いた推計の合理性　同業者との業種業態の相違）

8　請求人の事業所得の金額を推計するに当たり、原処分庁が採用した類似同業者
　の抽出基準及び抽出方法に一応の合理性があるとした事例（①平成26年分、平成
　28年分、平成29年分及び平成30年分の所得税及び復興特別所得税の各決定処分並
　びに無申告加算税の各賦課決定処分、②平成27年分の所得税及び復興特別所得税
　の決定処分、③平成26年1月1日から平成26年12月31日まで、平成27年1月1日
　から平成27年12月31日まで、平成28年1月1日から平成28年12月31日まで、平成
　29年1月1日から平成29年12月31日まで及び平成30年1月1日から平成30年12月
　31日までの各課税期間の消費税及び地方消費税の各決定処分並びに無申告加算税
　の各賦課決定処分・①一部取消し、棄却、②一部取消し、③一部取消し、棄却・
　令和3年3月4日裁決）……………………………………………………………… 135

一　国税通則法関係

〈令和3年1月～3月分〉

事例1 （無申告加算税　その他）

外国子会社合算税制に係る所得が無申告であった者に対する無申告加算税の賦課決定処分において、内国税の適正な課税の確保を図るための国外送金等に係る調書の提出等に関する法律第6条《国外財産に係る過少申告加算税又は無申告加算税の特例》第2項を適用したことを適法とした事例（平成25年分から平成29年分の所得税等の決定処分等及び無申告加算税の賦課決定処分・棄却・令和3年3月26日裁決）

《ポイント》

本事例は、請求人が、外国子会社合算税制に係る所得の基因となる外国子会社の株式を記載した国外財産調書を提出していなかった場合において、原処分庁が、当該所得に係る無申告加算税の賦課決定処分を行う際に内国税の適正な課税の確保を図るための国外送金等に係る調書の提出等に関する法律第6条第2項の加重措置を適用したことは適法と判断したものである。

《要旨》

請求人は、平成27年12月31日、平成28年12月31日及び平成29年12月31日において、その価額の合計額が5,000万円を超える国外財産を有していたと認められるから、平成27年分から平成29年分までにつき、内国税の適正な課税の確保を図るための国外送金等に係る調書の提出等に関する法律（国送法）第5条《国外財産調書の提出》第1項本文に規定する国外財産調書の提出義務があったにもかかわらず、これらをいずれも法定提出期限内に提出しなかったと認められる。

したがって、上記各年分の無申告加算税の金額につき、国税通則法第66条《無申告加算税》並びに国送法第6条《国外財産に係る過少申告加算税又は無申告加算税の特例》第2項の規定に基づいて計算すると、いずれも原処分の各金額と同額となるから、本件の無申告加算税の各賦課決定処分は、いずれも適法である。

《参照条文等》

内国税の適正な課税の確保を図るための国外送金等に係る調書の提出等に関する法律

第２条第７号、第５条第１項、第６条第１項、第２項、同法施行令第11条、同法施行規
則第13条

（令和3年3月26日裁決）

《裁決書（抄）》

1　事　実

(1)　事案の概要

　　　本件は、原処分庁が、審査請求人（以下「請求人」という。）の所得税等について、請求人が所得税法上の居住者に該当し、外国子会社合算税制を適用するなどして所得税等の各決定処分及び各再更正処分並びに無申告加算税の各賦課決定処分を行ったことに対し、請求人が、非居住者であること等を理由に、原処分の全部の取消しを求めた事案である。

(2)　関係法令

　　　別紙のとおりである。なお、別紙で定義した略語については、以下、本文でも使用する。

(3)　基礎事実

　　　当審判所の調査及び審理の結果によれば、以下の事実が認められる。

　　イ　請求人の職業等

　　　　請求人は、平成11年6月14日にG1社の、同月15日にG2社の、平成22年6月8日にG3社の、平成28年11月○日に同日設立されたG4社の代表取締役にそれぞれ就任し、平成25年から平成29年（以下「本件各年」という。）において（ただし、G4社については設立以降）、これらの各法人の代表取締役を務めていた。上記4法人は、いずれもa市b町○－○に本店所在地を置く内国法人である（以下、上記4法人を併せて「本件各内国法人」という。）。

　　　　また、請求人は、本件各年において、中華人民共和国香港特別行政区（以下「香港」という。）において設立されたG5社及びG6社（以下、G5社と併せて「香港2法人」という。）並びに中華人民共和国（以下「中国」という。）広東省において設立されたG7社の役員を務めており、これらの外国法人及びベトナム社会主義共和国（以下「ベトナム」という。）において設立されたG8社（以下、香港2法人及びG7社と併せて「本件各外国法人」という。）の株式の99.99パーセントを直接又は間接保有していた。

　　ロ　請求人の国内滞在先の状況

　　　　請求人は、本件各年において、日本国内に滞在中は、主に、a市b町○－○、

— 5 —

○所在の家屋番号○○○○の建物（住居表示は○－○。以下「本件国内滞在先」という。）に滞在していた。本件国内滞在先は、平成24年8月5日に新築された○階建ての建物で、同月24日、種類を事務所、居宅及び車庫とし、所有者をG1社とする旨の所有権保存登記がされた。

なお、本件国内滞在先が所在する土地（b町○－○及び同○の土地）は、平成20年2月28日、売買を原因としてG1社に所有者移転登記がされ、平成25年9月30日、売買を原因として同社から請求人に所有権移転登記がされた。

ハ　請求人の国外滞在先の状況

G5社は、香港に所在するH○○○○号室（以下「本件香港滞在先」という。）を、少なくとも平成25年5月15日から平成30年5月14日までの間、1年ごとの契約で賃借し、宿泊者として請求人、請求人の弟であるE2及び香港2法人の取締役であるE3の3名を登録していた。

ニ　本件各外国法人の平成25年3月31日における株式の状況

(イ)　請求人は、G5社の株式を9,999株、E2は、残りの1株を保有していた。

(ロ)　G5社は、G6社及びG7社の全株式を保有していた。

(ハ)　G6社は、G8社の全株式を保有していた。

(4)　審査請求に至る経緯

イ　請求人は、自身が所得税法第2条第1項第5号に規定する非居住者に該当すると判断して、本件各年分の所得税及び復興特別所得税（以下「所得税等」という。）について、いずれもその法定申告期限内に確定申告書を提出しなかった。

ロ　J国税局所属の調査担当職員は、平成29年11月6日、通則法第74条の9《納税義務者に対する調査の事前通知等》第1項に規定する事前通知を行った上、同月21日、請求人に対する実地の調査を開始した（以下、同日に開始した請求人に対する後記ハの各決定処分に係る一連の調査を「本件調査」といい、本件調査に従事するJ国税局及び原処分庁所属の調査担当職員を「本件調査担当職員」という。）。

なお、本件調査担当職員は、同日、G1社に対する法人税の税務調査も開始した。

ハ　原処分庁は、本件調査に基づき、請求人が所得税法第2条第1項第3号に規定する居住者に該当するとして、請求人に対し、平成31年3月1日付で、別表1の

— 6 —

「決定処分等」欄のとおり、本件各年分の所得税等の各決定処分（以下「本件各決定処分」という。）及び無申告加算税の各賦課決定処分をした。

　なお、原処分庁は、平成25年分の所得税等の決定処分においては、Ｇ６社が請求人に係る特定外国子会社等に該当し、措置法第40条の４第１項に規定する適用対象金額を有するとして、同項により計算した金額につき、請求人の雑所得の金額の計算上、総収入金額に算入した。

ニ　請求人は、令和元年５月24日、上記ハの各処分に不服があるとして、別表１の「再調査請求」欄のとおり、再調査の請求をした。

ホ　再調査審理庁は、令和元年８月21日付で、別表１の「再調査決定」欄のとおり、棄却の再調査決定をした。

ヘ　請求人は、令和元年９月17日、再調査決定を経た後の上記ハの各処分の全部に不服があるとして、審査請求をした。

ト　原処分庁は、請求人に対し、令和２年２月28日付で、別表１の「再更正処分等」欄のとおり、平成26年分から平成29年分までの所得税等の各再更正処分（以下「本件各再更正処分」という。）及び無申告加算税の各賦課決定処分（以下、平成31年３月１日付でされた上記ハの各賦課決定処分と併せて「本件各賦課決定処分」という。）をした。

　なお、原処分庁は、本件各再更正処分においても、Ｇ６社が請求人に係る特定外国子会社等に該当し、措置法第40条の４第１項に規定する適用対象金額を有するとして、同項により計算した金額につき、請求人の雑所得の金額の計算上、総収入金額に算入した。

チ　請求人は、令和２年８月13日、上記トの各処分の全部に不服があるとして審査請求をし、また、同年９月18日、上記審査請求に係る新型コロナウイルス感染症の影響による不服申立期間の期限延長申請をした。

　当審判所は、上記審査請求に係る不服申立ての期限について、請求人の場合、新型コロナウイルス感染症の影響を理由とするやむを得ない理由により法定の期限までに審査請求をすることができなかったものと認め、通則法第11条《災害等による期限の延長》に基づき令和２年８月13日まで延長の上、上記審査請求を適法な審査請求として受理した。

　そこで、上記審査請求と上記ヘの審査請求について併合審理する。

2 争 点

(1) 本件調査の手続に原処分を取り消すべき違法があるか（争点１）。

(2) 請求人は、所得税法第２条第１項第３号に規定する居住者に該当するか（争点２）。

(3) 請求人の本件各年分の所得税等の額の計算上、本件適用除外規定が適用されるか（争点３）。

3 争点についての主張

(1) 争点１（本件調査の手続に原処分を取り消すべき違法があるか）について

請求人	原処分庁
本件調査には、以下のとおり、原処分を取り消すべき違法がある。 イ　本件調査の態様について ㋑　本件調査担当職員は、平成29年11月22日及び平成30年３月27日の２回、又は、同年２月21日、請求人の承諾もなく強権的にＧ１社の事務所内を調査し、同事務所の女性従業員の私物まで検査した。このように、本件調査担当職員は、任意調査の範囲を逸脱した違法な調査を行った。 ㋺　本件調査担当職員は、平成30年１	本件調査には、以下のとおり、原処分を取り消すべき違法はない。 イ　本件調査の態様について ㋑　本件調査担当職員が本件調査においてＧ１社の事務所内の確認調査を行ったのは平成30年３月27日のみであるところ（なお、同年２月21日にＧ１社を納税義務者とする上記事務所の調査は行われた。）、本件調査担当職員は、香港２法人の申告書等関係書類の保存状況を確認する必要があると判断し、請求人の承諾及び立会いの下で、上記事務所内の社長室の書類棚の確認調査を行っており、請求人が拒否した書類の借用を差し控えたことにも照らせば、確認調査時の態様が社会通念上相当な限度を超えていたとはいえない。 　なお、本件調査担当職員が女性従業員の私物を検査した事実はない。 ㋺　本件調査担当職員が、請求人の取

月から4月頃、請求人の取引先である G9社のE4氏（以下「本件取引先」という。）に対し、「脱税者に協力して、脱税ほう助をするのか。」などと発言し、請求人の信用を失墜させた。	引先に対する調査を実施した際に、請求人の主張するような発言をした事実はない。
ロ　調査結果の内容の説明について 　　本件調査担当職員は、本件調査の終了時に、請求人に対し、本件調査の結果の内容の説明をしなかった。	ロ　調査結果の内容の説明について 　　本件調査担当職員は、平成31年2月25日、請求人に対し、本件各年分の決定をすべきと認めた額及びその理由を含む本件調査の結果の内容について説明を行った。
ハ　再調査の請求について 　　再調査の請求の際、税理士に事情聴取が行われたのみで、請求人との面談は行われず、再調査の結果についても、請求人に対して説明がされなかった。	ハ　再調査の請求について 　　再調査の請求に関する事項は審査請求の対象とはならない。

(2)　争点2（請求人は、所得税法第2条第1項第3号に規定する居住者に該当するか）について

原処分庁	請求人
以下の事情からすれば、請求人の生活の本拠は本件国内滞在先にあったと認められるから、所得税法第2条第1項第3号に規定する「居住者」に該当する。	以下のとおり、請求人は、所得税法施行令第15条第1項に規定する「国外において、継続して1年以上居住することを通常必要とする職業を有している」ことは明らかであるから、国内に住所を有しない者と推定され、他方で、滞在日数や住居の状況などに、この推定を覆すに足

	りるものはないから、請求人は、所得税法第2条第1項第3号に規定する「居住者」に該当しない。
イ 滞在日数 (イ) 本件各年中における請求人の日本の滞在日数は、香港を含む国外の滞在日数を大きく上回っていた。	イ 滞在日数 (イ) 物理的な滞在日数は、居住者判定の一つの考慮要素にすぎず、重要視すべきではない。 　また、本件各年において請求人が日本に一時帰国することが多くなったのは、本件各外国法人の取引先の親会社が日本に所在しており、その交渉のため日本に出張する機会が多くなったことや、香港で反政府デモ（いわゆる○○運動）が発生し本件香港滞在先の前がデモの集会場となっていたため、治安上の問題から仕事以外の用事では香港を離れるようにしていたことが原因である。
(ロ) 平成18年から平成23年までの間における請求人の日本の滞在日数は、本件各年とは異なり、年間の半分にも満たないことから、生活状況や就業状況に全く変わりがないとはいえない。	(ロ) 請求人は、平成23年の税務調査において非居住者であると認定されたところ、当該認定時と比較して、請求人の就業状況、生活状況及び資産状況には全く変わりがないにもかかわらず、原処分庁が居住者と認定したことは不合理である。
ロ 生活場所及び同所での生活状況等 　請求人は、本件各年において、自身が代表取締役を務めるG1社から本件国内滞在先を賃借し、本件国内滞在先	ロ 生活場所及び同所での生活状況等 　請求人は、約20年前から香港に居住しており、平成18年からは本件香港滞在先に居住し、同所で、生計を一にす

の玄関の表札に自身の氏名を掲げており、また、G10社発行の住宅地図には、平成25年6月版以降少なくとも平成30年6月版まで、本件国内滞在先の場所に「○○○○」との記載がある。

そして、本件国内滞在先の水道及び電気は、その使用量に加え、使用料金が請求人名義の預金口座から引き落とされていたことからすると、請求人が実際に使用していたといえる。

さらに、請求人は、クレジットカード会社や生命保険会社等に対し、本件国内滞在先を住所として届け出ていた。

ハ　香港の永住権等

請求人は、平成8年9月に香港の永住権を取得したところ、香港の法令上、一度取得した永住権は連続して36か月以上香港を離れない限り失効しないにすぎないし、また、香港の法令上、香港の法人から取締役の報酬を受け取った場合、香港の居住者であるか否かにかかわらず、香港税務当局へ税務申告する義務があるにすぎないから、これらの事情は、請求人が日本の居住者であるという判断に影響を与えるものではない。

ニ　職業及び業務の状況

請求人は、本件各内国法人の代表取

る大韓民国（以下「韓国」という。）の国籍を有するパートナーと生活している。

他方、本件国内滞在先は、G1社の役職員が共同使用している社宅であり、請求人も、短期滞在用のホテルとして使用していたにすぎず、請求人の住居ではないし、請求人には、日本において生計を一にするパートナー等は存在しない。

ハ　香港の永住権等

請求人は、香港で永住権を有しており、また、20年以上にわたって個人の税務申告書を香港の税務当局に継続して提出している。

ニ　職業及び業務の状況

請求人は、香港、中国及びベトナム

締役に就任しており、日本において、職業を有している。 　他方、請求人は、香港でも職業を有しているが、それは本件各外国法人の役員という地位であるため、必ずしも本件各外国法人の所在地等の特定の場所に常時滞在しなければ自らの職務を遂行できないという立場にはなく、請求人自身も、本件調査において、日本国内において本件各外国法人の役員としての職務を行っている旨申述していたことからすると、請求人が、所得税法施行令第15条第1項に規定する「国外において、継続して1年以上居住することを通常必要とする職業を有すること」に該当するという請求人の主張には理由がない。	に所在する大規模な本件各外国法人の責任者として、これらの国で会社経営全般に従事しているから、所得税法施行令第15条第1項に規定する「国外において、継続して1年以上居住することを通常必要とする職業を有すること」に該当し、よって、非居住者と推定される。 　また、請求人が日本滞在中に行っていた業務は、本件各外国法人の交渉業務であって、G1社の業務ではなかった。すなわち、平成19年以降、G1社の経営は、もう一人の代表取締役であるE2だけで行っており、請求人の関与は極めて限定的であって、現に、請求人の同社からの役員報酬は月額20万円にすぎなかった。 ホ　資産の所在 　請求人は、香港において、G5社の株式や未払配当金、預金等少なくとも9億円以上の資産を有しており、日本における資産額を大きく上回っている。

(3)　争点3（請求人の所得税等の額の計算上、本件適用除外規定が適用されるか。）について

原処分庁	請求人
以下のとおり、請求人には、本件適用除外規定は適用されない。	以下のとおり、請求人には、本件適用除外規定が適用される。

イ　G6社は、G8社の株式等の保有を主たる事業としているところ、本件適用除外規定の適用対象となる措置法第40条の4第3項及び措置法施行令第25条の22第4項に定める統括業務を行う統括会社の要件である「2以上の被統括会社に対して統括業務を行っていること」（同項第1号）に該当しない。

また、請求人は、措置法施行令第25条の22第4項に規定する「一の居住者」に関する解釈について、同項と何ら関係ない法人税法施行令第4条《同族関係者の範囲》第1項の規定を根拠としているが、同主張は法令の規定に基づかないものである。

ロ　請求人は、措置法第40条の4第7項に規定する同条第3項の適用がある旨を記載した書面等を添付した確定申告書を提出していない。

イ　G6社は、請求人及び請求人と特殊な関係にある個人であるE2が株主となっているから、「一の者により発行済株式等の全部を直接又は間接に保有している」という要件を満たす上、G8社の経営一般の支援や、G7社の技術指導及び経営全般の実務指導をしているから、統括会社に該当する。そして、G6社は、所在地国において独立企業としての実体を備え、かつ、その業態に応じ、その地において事業活動を行うことに十分な経済的合理性があると認められる海外子会社であるので、海外子会社等に係る課税の適用除外となる。

ロ　請求人は、自らを居住者に該当しないと認識していたのであるから、源泉徴収によって所得税を納付するものと考えて確定申告書を提出しなかったことは当然であり、本件適用除外規定の適用要件として確定申告書の提出を要求することは、納税者にとって実務上不可能を強いることとなり不当である。

4　当審判所の判断

(1)　争点1（本件調査の手続に原処分を取り消すべき違法があるか）について

イ　法令解釈

通則法は、第7章の2《国税の調査》において、国税の調査の際に必要とされる手続を規定しているが、同章の規定に違反したことが課税処分の取消事由とな

る旨を定めた法令上の規定はなく、また、調査手続に瑕疵があるというだけで納税者が本来負うべき納税の義務を免れることは、租税公平主義の観点からも問題があると考えられるから、調査手続に単に瑕疵があるというだけで課税処分の取消事由となるものではなく、課税処分の基礎となる証拠資料の収集手続に、刑罰法規に触れ、公序良俗に反し又は社会通念上相当の限度を超えて権限濫用にわたるなどの重大な違法があり、何らの調査なしに課税処分を行ったに等しいとの評価を受ける場合に限り、その違法が処分の取消事由となり得るものと解するのが相当である。

ロ　認定事実

　　請求人提出資料、原処分関係資料並びに当審判所の調査及び審理の結果によれば、次の事実が認められる。

(イ)　請求人に対する平成29年11月21日及び同月22日の臨場調査

　　本件調査担当職員は、平成29年11月6日、請求人の税務代理権限を有するK税理士に対して通則法第74条の9第1項に規定する事前通知を行い、同税理士の承諾を得た上で、同月21日及び同月22日、G1社のL事務所に臨場し、同税理士の立会いの下、請求人と面接し、請求人の住居、職業、収入及び資産の状況等のほか香港2法人における業務内容等について聴取するとともに、香港2法人に係る申告書や総勘定元帳等の資料を提出するよう依頼した。

(ロ)　G1社に対する平成30年2月21日の臨場調査

　　本件調査担当職員は、G1社の税務代理権限も有するK税理士に対し、あらかじめ日程を調整し、同人の承諾を得た上で、平成30年2月21日、G1社のL事務所に臨場し、同税理士の立会いの下、G1社の取締役であるE2と面接し、同人の承諾を得た上で、G1社のL事務所の社長室や同人が使用しているパソコン内の確認、事務室内のキャビネットに保管されていた経理関係書類の確認等の調査を行った。

(ハ)　請求人に対する平成30年3月27日の臨場調査

　　本件調査担当職員は、請求人本人とあらかじめ日程を調整し、請求人の承諾を得た上で、平成30年3月27日、G1社のL事務所に臨場し、請求人の税務代理権限を有するM税理士の立会いの下、請求人と面接し、請求人の住居、職業等について確認するため聴取を行った上、質問応答記録書を作成した。請求人

は、当該質問応答記録書に異議をとどめることなく署名押印した。

また、本件調査担当職員は、Ｇ１社のＬ事務所の社長室や、請求人のパソコン内を確認する調査を行うことについて、請求人の承諾を得た上、請求人の立会いの下、これらの調査を実施した。本件調査担当職員は、社長室の調査の際、Ｇ５社及びＧ６社の決算書を発見し、当該決算書を通則法第74条の７《提出物件の留置き》の規定に基づいて、留置きをしたい旨請求人に伝えたところ、請求人が当該決算書の留置きは拒否するが写真撮影であれば許可する旨の意向を示したため、本件調査担当職員は、当該決算書をデジタルカメラで撮影した。

(ニ) 請求人に対する平成31年２月25日の本件調査の結果の内容の説明

本件調査担当職員は、平成31年２月25日、請求人からの電話を受け、通則法第74条の11第２項に規定する調査結果の内容の説明を実施するための日程調整を依頼したが、請求人の日程が確保できなかったため、請求人に対し、当該電話において調査結果の内容の説明を実施することについて同意を得た上、調査結果の説明書の記載に基づき、当該電話において、所得税等及び附帯税の税額等本件調査の結果の内容を説明し、期限後申告を勧奨した。

ハ 検討

(イ) 承諾のない調査等について

請求人は、本件調査担当職員が、平成29年11月22日及び平成30年３月27日の２回、又は、同年２月21日、請求人の承諾もなく強権的にＧ１社の事務所内を調査し、同事務所の女性従業員の私物まで検査し、任意調査の範囲を逸脱した違法な調査を行った旨主張する。

しかしながら、請求人の上記主張のうち本件調査が承諾もなく強権的に行われたものである旨の主張は、請求人において、いつ行われた、どのような内容の調査が、承諾のない強権的な調査であったと主張するのかも明らかではなく、具体性を欠く上、当該主張を裏付ける証拠の提出もない。

また、請求人の上記主張のうち女性従業員の私物を検査した旨の主張についても、請求人において、どのような私物について、いかなる態様で調査が行われたと主張するのかも明らかではなく、具体性を欠く上、当該主張を裏付ける証拠の提出もない。

かえって、本件調査においては、上記ロの(イ)及び(ハ)のとおり、①税務代理権

限を有する税理士又は請求人本人に対する事前の連絡がとられ、その承諾を得た上で、Ｇ１社の事務所において臨場調査が実施され、いずれの調査日においても、税務代理権限を有する税理士が立ち会っており、調査手続の適法性を担保する環境が整えられていたといえること、②当該臨場調査においては、本件調査担当職員が請求人から請求人の住居や職業等のほか香港２法人の業務内容等多岐にわたる項目について聴取し、請求人が異議をとどめることなく署名及び押印した質問応答記録書が作成されるなど、請求人の任意の対応がなければ継続できないような調査内容であったこと、③本件調査担当職員は、社長室や請求人のパソコン内を確認する調査の実施に際しても、請求人の承諾を得た上で当該調査を行っており、また、決算書の留置きについて拒否された場合には写真撮影で対応するなど、請求人の承諾の範囲内で調査を実施していたことなどに照らすと、本件調査における臨場調査は、請求人の協力を得た上でその範囲内で行われたと認められるのであって、その他本件において、本件調査担当職員が、請求人の承諾なく、強権的に調査を行い、女性従業員の私物を検査したことを認めるに足りる証拠はない。

　なお、請求人が強権的な調査及び女性従業員の私物検査が行われたと主張する日のうち、平成30年２月21日については、上記ロの(ロ)のとおり、Ｇ１社の事務所における臨場調査が行われたと認められるものの、これはＧ１社に係る法人税の調査として、本件調査とは別に行われたものであって、同日には、請求人個人に対する調査（本件調査）は行われていないと認められるし、また、本件全証拠によっても、同日のＧ１社に対する調査においても、強権的な調査や女性従業員の私物検査が行われたとは認められない。

　したがって、本件調査において、本件調査担当職員が、請求人の承諾なく、強権的にＧ１社の事務所内を調査し、女性従業員の私物まで検査したとは認められず、任意調査の範囲を逸脱した違法な調査を行ったとは認められないから、請求人の主張には理由がない。

(ロ)　本件取引先に対する調査について

　請求人は、本件調査担当職員が、本件取引先に対し、「脱税者に協力して、脱税ほう助をするのか。」などと発言した旨主張し、これに沿う内容の本件取引先が作成した報告書を提出する。

しかしながら、上記報告書では、本件調査担当職員が上記の発言などをした
旨記載されてはいるものの、当該発言が本件調査担当職員と本件取引先との間
のいかなるやり取りの中でされたのか、いかなる趣旨の発言であったのかなど
その発言に至る経緯、発言の際の当事者の応答や反応等の具体的な状況が明ら
かにされていないこと、当該報告書が当該発言があったとされる時期から２年
程度経過してから作成されたものであることを併せ考慮すると、当該報告書を
もって、本件調査担当職員が、本件取引先に対して当該発言その他社会通念上
相当の限度を超えるような態様又は内容の発言をしたと直ちに認めることはで
きない。また、その他本件において社会通念上相当の限度を超えるような態様
又は内容の発言があったことを認めるに足りる証拠はない。

　　したがって、本件調査担当職員が、本件取引先に対し、社会通念上相当の限
度を超えるような態様又は内容の発言をしたとは認められず、請求人の主張に
は理由がない。

(ハ)　調査結果の内容の説明について

　　請求人は、本件調査終了時に、本件調査担当職員は請求人に対して本件調査
の結果の内容の説明をしなかった旨主張する。

　　しかしながら、上記ロの(二)のとおり、本件調査担当職員は、平成31年２月25
日、請求人に対し、本件調査の終了に際し、通則法第74条の11第２項に規定す
る調査結果の内容の説明を、請求人の同意を得て電話で実施したものと認めら
れ、これを左右するに足りる証拠はない。

　　したがって、請求人の主張には理由がない。

(二)　再調査の請求について

　　請求人は、再調査の請求の際、税理士に事情聴取が行われたのみで、請求人
との面談は行われず、再調査の結果についても、請求人に対して説明がされな
かった旨主張する。

　　しかしながら、再調査の請求における違法は、原処分の適法性に影響を及ぼ
すものではなく、審査請求の対象とはならない。

　　したがって、請求人の主張は採用することができない。

(ホ)　小括

　　以上のとおり、本件調査の手続に係る違法性を基礎付けるものとして請求人

が主張する事実は、いずれもあったものとは認められず、その他、本件全証拠によっても、原処分の基礎となる証拠資料の収集手続に、刑罰法規に触れ、公序良俗に反し又は社会通念上相当の限度を超えて権限濫用にわたるなどの重大な違法があったとは認められない。

　　　したがって、本件調査の手続に原処分を取り消すべき違法はない。

(2)　争点2（請求人は、所得税法第2条第1項第3号に規定する居住者に該当するか）について

　イ　法令解釈

　　　所得税法第2条第1項第3号において、国内に住所を有する個人は居住者とされているところ、ここにいう「住所」とは、生活の本拠、すなわち、その者の生活に最も関係の深い一般的生活、全生活の中心を指すものであり、一定の場所がある者の住所であるか否かは、客観的に生活の本拠たる実体を具備しているか否かにより決すべきものと解するのが相当である（最高裁平成23年2月18日第二小法廷判決・集民236号71頁参照）。

　　　そして、客観的に生活の本拠たる実体を具備しているか否かは、①滞在日数、②生活場所及び同所での生活状況、③職業並びに業務の内容及び従事状況、④生計を一にする配偶者その他の親族の居住地、⑤資産の所在、⑥生活に関わる各種届出状況等の客観的諸事情を総合的に勘案して判断するのが相当である。

　ロ　認定事実

　　　請求人提出資料、原処分関係資料並びに当審判所の調査及び審理の結果によれば、次の事実が認められる。

　(イ)　請求人の国内滞在日数

　　　請求人は、平成18年に159日、平成19年に165日、平成20年に157日、平成21年に179日、平成22年に192日、平成23年に175日、平成24年に207日、平成25年に224日、平成26年に217日、平成27年に240日、平成28年に290日、平成29年に279日、それぞれ日本国内に滞在していた。

　　　また、請求人は、本件国内滞在先が新築された平成24年8月5日以降、国内滞在中には、主に本件国内滞在先に滞在していた。

　(ロ)　請求人の本件国内滞在先の使用状況

　　A　賃貸借の状況

請求人は、少なくとも平成25年11月以降、平成30年7月までの間、所有者であるG1社から本件国内滞在先を賃借し、その賃料を自ら負担していた。

B　水道の使用状況

　本件国内滞在先の水道使用量は、平成25年1月10日から平成26年1月8日の間は108㎥、同月9日から平成27年1月8日の間は93㎥、同月9日から平成28年1月8日の間は96㎥、同月9日から平成29年1月9日の間は126㎥、同月10日から平成30年1月9日の間は113㎥であり、請求人は、遅くとも平成26年1月以降、本件国内滞在先の水道料金を請求人名義の口座から毎月支払っていた。

C　電気の使用状況

　本件国内滞在先の電気使用量は、平成25年1月8日から平成26年1月7日の間は17,451kWh、同月8日から平成27年1月6日の間は18,082kWh、同月7日から平成28年1月5日の間は14,788kWh、同月6日から平成29年1月5日の間は17,323kWh、同月6日から平成30年1月5日の間は22,442kWhであり、請求人は、遅くとも平成26年1月以降、本件国内滞在先の電気料金を請求人名義の口座から毎月支払っていた。

(ハ)　香港の永住権等

　請求人は、本件各年において、「香港永久性居民身份證」を有して香港に永住する許可を受けており、香港当局に対し、税務申告書を提出していた。

(ニ)　請求人の職業並びに業務の内容及び従事状況

A　請求人の職業

　請求人は、上記1の(3)のイのとおり、本件各内国法人及び本件各外国法人の代表取締役又は役員であった。

B　請求人の業務の内容及び従事状況

(A)　請求人の香港滞在中における業務の内容及び従事状況

　請求人が香港滞在中に行う業務は、主にG5社における、G7社及びG8社についての経営管理に関するものであり、具体的には、両社の設備投資等の重要事項の決定や、生産状況に関する現地責任者との会議、現地幹部との協議及び同幹部への管理指導、顧客との契約、顧客の接待、支払のための小切手へのサインなどであった。

(B) 請求人の日本滞在中における業務の内容及び従事状況

　　本件各外国法人の主な取引先は、国内法人の子会社であったことから、請求人は、日本滞在時においては、主に、Ｇ７社及びＧ８社の取引先である海外法人の親会社である国内法人の海外事業の担当者と会って、打合せなどを行っていた。

　　また、平成27年から平成29年にかけて、Ｇ７社やＧ８社の取引先である海外法人において、取引に関する決定権を有する者が日本国内にいることが多くなり、中国やベトナムの現地法人の担当者同士では交渉をすることができないため、請求人が、日本国内で、取引先の親会社の決定権を有する者と会って交渉することが多くなった。

(ホ) 資産の所在

　A　国内財産について

　　請求人は、平成27年12月31日及び平成28年12月31日において、国内に、それぞれ別表２の１及び２に記載の各財産を有していた。

　B　国外財産について

　　請求人は、平成27年12月31日、平成28年12月31日及び平成29年12月31日において、国外に、それぞれ別表３に記載の各財産を有していた。

(ヘ) 生活に関わる各種届出書の状況

　A　住民票上の住所等

　　請求人は、日本国籍を有し、平成15年６月１日から、ｆ市ｇ町〇－〇を住民票上の住所として届出をしており、以後、少なくとも令和元年12月25日までは、同住所を異動させていない。

　B　クレジットカード契約

　　請求人は、少なくとも平成25年10月25日において、請求人名義のＮカードの利用明細書の送付先を、本件国内滞在先に指定していた。

　　また、請求人は、平成26年２月７日、Ｇ11社に対してショッピングローン契約を申し込む際、その契約書に、請求人の住所として本件国内滞在先を記載した。

　C　生命保険契約

　　請求人は、平成26年９月16日、Ｇ12社に対して個人年金保険契約を申し込

む際、その申込書に、請求人の現住所として本件国内滞在先を記載した。

　　D　健康保険

　　　請求人は、本件各年において、Ｇ１社を通じて日本の健康保険組合に加入

　　し、日本の健康保険の被保険者の資格を有していた。

ハ　検討

　(イ)　滞在日数について

　　　請求人は、本件各年において、それぞれ上記ロの(イ)のとおり国内に滞在して

　　おり、年間の国内滞在日数の割合は、それぞれ、平成25年は61％、平成26年は

　　59％、平成27年は65％、平成28年は79％、平成29年は76％であり、おおむね６

　　割又は６割を超えており、その国内の滞在日数は、香港を含む国外の滞在日数

　　の約1.4倍から約3.8倍に及んでいるなど、国外での滞在日数を大きく上回って

　　いる。

　(ロ)　生活場所及び同所での生活状況について

　　　請求人は、上記(イ)のとおり、本件各年において、年間の６割程度を超える日

　　数を国内に滞在しており、上記ロの(イ)のとおり、国内滞在中は、主に本件国内

　　滞在先に滞在していた。そして、請求人は、上記ロの(ロ)のとおり、その所有す

　　る土地上にある本件国内滞在先を、その所有者であるＧ１社から自ら賃借して

　　おり、また、本件国内滞在先では、相当量の水道及び電気が使用され、当該水

　　道及び電気の使用料金を請求人自ら負担していたと認められる。

　　　そうすると、請求人は、本件各年において、年間の６割程度を超える日数を、

　　自ら所有する土地上に存し、かつ、自ら賃借する本件国内滞在先で、水道及び

　　電気等のライフラインを使用して生活していたと認められるのであり、このこ

　　とは、本件国内滞在先が請求人の生活の本拠たる実体を有していたことを、強

　　く基礎付けるものであるといえる。

　　　他方、本件香港滞在先は、上記１の(3)のハのとおり、Ｇ５社が賃借していた

　　もので、請求人のほか、香港２法人の株主や取締役２名も宿泊者として登録さ

　　れていたことからすると、本件香港滞在先は、香港での業務を行う都合上請求

　　人以外の者も利用する場所であったと推認されるのであり、上記の本件国内滞

　　在先における生活状況に比べて、請求人の全生活との関係は希薄であるといえ

　　る。

— 21 —

(ハ) 職業並びに業務の内容及び従事状況

　　請求人は、上記ロの(ニ)のＡのとおり、国内外の多数の企業の代表取締役又は役員を兼務しているのであり、職業のみでは、請求人の生活の本拠を決定付けることはできない。そして、請求人の業務の内容及び従事状況についてみると、請求人は、上記ロの(ニ)のＢのとおり、本件各年において、日本と香港とを行き来しながら、主に、本件各外国法人の役員としての業務を行っていたところ、当該業務は、日本国内で行われることが多くなっていたものと認められる。このことは、上記ロの(イ)のとおり、本件各年における請求人の国内滞在日数が、年間のおおむね６割を超えていて、香港を含む国外の滞在日数を相当程度上回っていたこととも整合する。このような事情からすると、請求人は、国内において、より多くの日数を費やして業務を遂行していたものと認められ、このような請求人の業務の状況も、本件国内滞在先が請求人の生活の本拠たる実体を有していたことを基礎付けるものといえる。

(ニ) 生計を一にする配偶者その他の親族の居住地

　　本件全証拠によっても、請求人には生計を一にする親族がいるとは認められない。したがって、請求人の親族等の状況は、請求人の生活の本拠を判断する上で重視すべき事情ではない。

　　なお、請求人は、本件香港滞在先において、生計を一にする韓国籍のパートナーと生活している旨主張するが、本件全証拠によっても、請求人の主張するパートナーが請求人と婚姻関係又はこれに準ずる関係にあるものとは認められないし、当該パートナーと請求人が生計を一にしていると認めるに足りる証拠もない。

(ホ) 資産の所在

　　請求人は、本件各年において、上記１の(3)のロ及び上記ロの(ホ)のＡのとおり、国内に、本件国内滞在先の所在する土地等の不動産を所有しており、上記(ロ)のとおり、国内滞在中には、本件国内滞在先を生活に使用していたものと認められる。このように、請求人は、生活に使用していた不動産を国内に所有していたものと認められる一方で、本件全証拠によっても、請求人が、本件各年において、香港において本件香港滞在先を含む不動産を所有していた事実は認められない。そうすると、このような資産の状況も、請求人の生活の本拠たる実体

— 22 —

が本件国内滞在先であることを基礎付けるものといえる。

　　なお、請求人は、本件各年において、国内に、上記不動産のほかに、複数の金融機関に多額の預貯金を有するとともに、自らが主宰する複数の株式会社の株式を保有しており（原処分関係資料及び当審判所の調査の結果）、これらの金融資産の価額の合計額は、上記ロの㈱のAのとおり、平成27年及び平成28年の年末時点では、3億円から4億円程度であったと認められる一方、上記1の⑶のニの㈠のとおり、請求人は、香港に所在するG5社の株式を9,999株を有しており、その価額は、上記ロの㈱のBのとおり、平成27年から平成29年までの各年末の時点では、少なくとも14億円以上であったと認められ、そうすると、請求人は、本件各年において、国内よりも香港において、額としては多くの金融資産を有していたといえる。しかしながら、株式や預貯金等の金融資産は、その所在場所がどこであるかにより使用や管理が不能となる性質のものではないから、本件各年の生活の本拠を判断する上で、その多寡を必ずしも重要な事情と評価することはできない。

㈠　生活に関わる各種届出状況等

　　上記ロの㈠のAのとおり、本件各年における請求人の住民票上の住所は国内であり、また、同B及びCのとおり、クレジットカード会社へ届け出た書類の送付先やローン契約及び年金保険契約の際に請求人自身が申告した住所は、いずれも本件国内滞在先である一方、本件全証拠によっても、国内外において、本件香港滞在先を住所地としてされたクレジットカードや保険等の請求人の生活に係る契約や届出は見当たらない。

　　また、請求人は、上記ロの㈠のDのとおり、日本国内の健康保険組合に加入し日本の健康保険の被保険者たる資格を有しており、日本国内で生活を送る上で有用な公的資格を有していたものと認められる。

　　そうすると、このような各種届出状況からは、本件香港滞在先が本件国内滞在先よりも請求人の全生活との関係でより密接であったということはできず、むしろ、請求人の生活の本拠たる実体が本件国内滞在先であることを基礎付ける事情といえる。

㈾　小括

　　以上の諸事情を総合考慮すると、請求人が、本件各年中、香港の永住権を有

しながら、本件香港滞在先に一定の期間滞在していたことを考慮しても、客観的に請求人の本件各年中の生活の本拠たる実体を具備していたのは、本件香港滞在先ではなく、本件国内滞在先であったと認めるのが相当である。

したがって、本件国内滞在先が請求人の住所であると認められ、請求人は、国内に住所を有する個人であるから、所得税法第2条第1項第3号に規定する居住者に該当する。

ニ 請求人の主張について

(イ) 滞在日数について

請求人は、平成23年の税務調査において非居住者であると認定された当時と状況に全く変わりがないにもかかわらず、原処分庁が居住者と認定したことは不合理である旨主張する。

しかしながら、上記ロの(イ)のとおり、請求人の平成18年から平成23年までの国内滞在日数は、いずれも本件各年の国内滞在日数を下回る上、国内滞在日数が国外滞在日数よりも多いのは平成22年のみであることからすれば、本件各年と状況が異ならないとはいえないから、請求人の上記主張には理由がない。

なお、請求人は、本件各年においては、国内に所在する取引先の親会社との交渉のため日本に出張する機会が多くなったことや香港で反政府デモが発生し治安上の問題から香港を離れるようにしていたことから請求人が日本に一時帰国することが多くなった旨主張するが、「住所」については、上記イのとおり、客観的に生活の本拠たる実体を具備しているか否かについての客観的諸事情を総合的に勘案して判断すべきものであり、請求人の上記主張は、本件各年において、請求人の国内滞在日数が多くなっていたことの理由や原因を述べるものにすぎず、上記ハの判断を左右するものではない。

(ロ) 生活場所及び同所での生活状況について

請求人は、本件国内滞在先は、Ｇ１社の役職員が共同使用している社宅であって、請求人も短期滞在用のホテルとして使用していたにすぎないから、請求人の住居ではない旨主張する。

しかしながら、上記ロの(ロ)のＡのとおり、本件国内滞在先に係る賃貸借契約の賃借人は請求人個人であり、賃料も請求人が自ら負担していたのであり、このことは、本件国内滞在先がＧ１社の役職員が共同使用する社宅であるという

請求人の主張と整合しないし、さらに、請求人以外のＧ１社の役職員が同社の業務の関係でそれぞれ使用していたことを裏付ける証拠もなく、また、請求人が、本件各外国法人から、業務の遂行に必要であるとして、本件国内滞在先への滞在に係る宿泊費等を受領していたことを裏付ける証拠もないのであって、その他、請求人が本件国内滞在先に一時的に滞在していたにすぎないことをうかがわせる証拠もないことからすれば、請求人の上記主張は、採用することができない。

(ハ) 香港の永住権等について

　　請求人は、香港で永住権を有しており、また、20年以上にわたって個人の税務申告書を香港の税務当局に継続して提出していることを理由に、居住者に該当しない旨主張する。

　　しかしながら、上記ハの(ロ)のとおり、請求人の本件国内滞在先での滞在頻度や同所の状況等からすると、本件国内滞在先が客観的に生活の本拠たる実体を有していたことが強く基礎付けられる一方で、香港で永住権を有していることや税務申告していることと本件国内滞在先が生活の本拠であることは必ずしも矛盾するものではないから、これらの事情は上記ハの認定を覆すに足りない。

　　したがって、請求人の上記主張は、採用することができない。

(ニ) 職業並びに業務の内容及び従事状況について

A　請求人は、自らが本件各外国法人の経営全般に従事し、これによって現に高額の所得も得ていたことから、所得税施行令第15条第１項に規定する「国外において、継続して１年以上居住することを通常必要とする職業を有していること」に該当するので、非居住者と推定される旨主張する。

　　しかしながら、一般に、会社の役員は、雇用契約で定められた勤務時間及び勤務場所等に拘束される一般の従業員とは異なり、必ずしも法人の所在地等の特定の場所に常時駐在していなければ自らの業務を遂行できないというものではなく、現に、上記ハの(ハ)のとおり、請求人は、本件各年のおおむね６割を超える日数を日本国内に滞在して本件各外国法人に係る業務を行っていたことが認められるのであるから、「国外において、継続して１年以上居住することを通常必要とする職業を有している」者に該当するとはいえない。

したがって、請求人の上記主張は、採用することができない。

B　また、請求人は、その国内滞在中に行っていた業務は本件各外国法人の交渉業務であって、Ｇ１社の業務ではなく、同社への関与は極めて限定的であった旨主張する。

しかしながら、生活の本拠がどの国にあるかの判断においては、どの国で実際に業務を行っていたかが重要であって、どの国の企業の業務かによって直ちに決定されるものではない。そして、上記Ａのとおり、請求人は、本件各年のおおむね６割を超える日数を国内に滞在して業務を行っていたのであるから、国内に所在するＧ１社の業務への請求人の関与が限定的であったことや、請求人による国内における業務が本件各外国法人の交渉業務であったということをもって、請求人の生活の本拠が国外にあったということはできない。

したがって、請求人の上記主張も、上記ハの認定を左右するものではない。

㈭　資産の所在について

請求人は、香港にＧ５社の株式や預金等少なくとも９億円以上の資産を有しており、日本における資産額を大きく上回っている旨主張する。

しかしながら、上記ハの㈭のとおり、株式や預金等の金融資産の多寡は、生活の本拠を判断する上で、必ずしも重要な事情と評価することはできず、請求人が香港に日本における資産額を大きく上回る金融資産等を有していたことは、その生活の本拠が本件香港滞在先にあったことを積極的に基礎付けるものとはいえない。

したがって、請求人の上記主張も、上記ハの認定を左右するものではない。

(3)　争点３（請求人の所得税等の額の計算上、本件適用除外規定が適用されるか）について

イ　認定事実

請求人提出資料、原処分関係資料並びに当審判所の調査及び審理の結果によれば、次の事実が認められる。

㈠　Ｇ６社は、平成17年10月に香港で設立された法人であり、同社の本店は、設立以降、香港内に所在している。

㈡　Ｇ６社の平成24年４月１日から平成25年３月31日までの事業年度（以下「平

成25年3月期」といい、以降の事業年度も同様に表記する。）の収入金額は、配当収入が○○○○米ドル、銀行の預金利息が○○○○米ドル、必要経費の金額は○○○○米ドルで、所得金額は○○○○米ドルであり、平成26年3月期における収入金額は、配当収入が○○○○米ドル、銀行の預金利息が○○○○米ドル、必要経費の金額は○○○○米ドルで、所得金額は○○○○米ドルであり、平成27年3月期における収入金額は、配当収入が○○○○米ドル、銀行の預金利息が○○○○米ドル、必要経費の金額は○○○○米ドルで、所得金額は○○○○米ドルであり、平成28年3月期における収入金額は、配当収入が○○○○米ドル、預金利息が○○○○米ドル、為替差益が○○○○米ドル、必要経費の金額は○○○○米ドルで、所得金額は○○○○米ドルであり、平成29年3月期における収入金額は、配当収入が○○○○米ドル、預金利息が○○○○米ドル、必要経費の金額は○○○○米ドルで、所得金額は○○○○米ドルであった。

ロ 検討

(イ) 本件適用除外規定の適用について

A Ｇ６社の「統括会社」該当性

(A) 請求人は、Ｇ６社は、Ｇ８社の経営一般の支援や、Ｇ７社の技術指導及び経営全般の実務指導をしているから、「統括会社」（措置法施行令第25条の22第４項）に該当するとして本件適用除外規定が適用される旨主張する。

　しかしながら、本件適用除外規定が適用される「統括会社」（措置法施行令第25条の22第４項）に該当するためには、特定外国子会社等で当該特定外国子会社等に係る「二以上の被統括会社…に対して統括業務を行っている」ことが要件となり（同項第１号）、この「被統括会社」に該当するためには、当該法人に対して統括業務を行う特定外国子会社等によって一定割合以上の数又は金額の株式及び一定割合の議決権を保有されていなければならない（同条第２項）。そして、上記１の(3)のニのとおり、Ｇ８社については、その全株式をＧ６社が保有しているものの、Ｇ７社については、その全株式をＧ５社が保有しており、Ｇ６社が保有しているものではないから、Ｇ７社は、そもそもＧ６社の「被統括会社」には該当せず、その他、Ｇ６社が他の被統括会社に対して統括業務を行っていることを認めるに足りる証拠はない。

そうすると、Ｇ６社は、「二以上の被統括会社…に対して統括業務を行っている」（措置法施行令第25条の22第４項第１号）とは認められないから、「統括会社」に該当しない。

(B)　また、請求人は、法人税法施行令第４条第１項を指摘して、Ｇ６社は、請求人及び請求人と特殊な関係にある個人であるＥ２が株主となっているから、「一の者により発行済株式等の全部を直接又は間接に保有している」という「統括会社」の要件を満たす旨主張する。

　　しかしながら、「統括会社」に該当するには、上記(A)で指摘した要件のほか、「一の居住者」によってその発行済株式等の全部を直接又は間接に保有されている特定外国子会社等であることも必要であるところ（措置法施行令第25の22第４項）、Ｇ６社は、上記１の(3)のニの(イ)及び(ロ)のとおり、その発行済株式を請求人及び実弟であるＥ２の２名によってＧ５社を通じて間接保有されているのであって、「一の居住者」によって株式を保有されているとはいえないから、この点においても「統括会社」に該当しない。

　　請求人の上記主張は、措置法施行令第25条の22第４項に規定する「一の居住者」に関する解釈について、同項とは関係のない同族会社の範囲を規定した法人税法施行令第４条第１項の規定を根拠とする独自のものであり、採用することができない。

(C)　以上のとおり、Ｇ６社は「統括会社」に該当しないから、請求人の所得税等の額の計算上、本件適用除外規定を適用することはできない。

　　なお、請求人は、Ｇ６社が、Ｇ８社の経営一般の支援や、Ｇ７社の技術指導及び経営全般の実務指導をしている旨主張するが、上記イの(ロ)のとおり、Ｇ６社の収入は、平成25年３月期から平成29年３月期までの各事業年度のいずれにおいても、配当収入及び銀行の預金利息のみであって、技術指導や経営指導等の対価に係る収入などはなく、その他、Ｇ６社が、Ｇ８社及びＧ７社の技術指導及び経営全般の実務指導をしていると認めるに足りる証拠はない（請求人自身、本件調査において、本件調査担当職員に対し、Ｇ６社の業務について、Ｇ８社の持株会社の役割しかない旨申述しているところである。）。

Ｂ　適用除外記載書面について

請求人は、自らを居住者に該当しないと認識していたのであるから、確定申告書を提出しなかったことは当然であり、本件適用除外規定の適用要件として確定申告書の提出を要求することは不可能を強いるものであり不当である旨主張する。

しかしながら、上記Aのとおり、本件適用除外規定については、G6社が「二以上の被統括会社に対して…統括業務を行っていること」及び「一の居住者によってその発行済株式等の全部を直接又は間接に保有されている」という要件を充足せず、「統括会社」（措置法第40条の4第3項及び措置法施行令第25条の22第4項）に該当しないため、適用除外記載書面の提出の有無にかかわらず、請求人の所得税等の額の計算上、そもそも本件適用除外規定は適用されない。

(ロ) 小括

したがって、請求人の所得税等の額の計算上、本件適用除外規定は適用されない。

(4) 原処分の適法性について

イ 本件各決定処分及び本件各再更正処分の適法性について

上記(2)のとおり、請求人は居住者に該当し、また、上記(3)のとおり、請求人の所得税等の額の計算上、本件適用除外規定は適用されない。これに基づいて、本件各年分の請求人の所得税等の総所得金額及び納付すべき税額を計算すると、平成25年分については、別表1の「決定処分等」欄の「総所得金額」欄及び「所得税等の納付すべき税額」欄の各金額と同額となり、平成26年分から平成29年分までについては、いずれも同表の「再更正処分等」欄の「総所得金額」欄及び「所得税等の納付すべき税額」欄の各金額と同額となる。

また、本件各決定処分及び本件各再更正処分のその他の部分については、請求人は争わず、当審判所に提出された証拠資料等によっても、これを不相当とする理由は認められない。

したがって、本件各決定処分及び本件各再更正処分は、いずれも適法である。

ロ 本件各賦課決定処分の適法性について

上記イのとおり、本件各決定処分及び本件各再更正処分はいずれも適法であり、本件各決定処分及び本件各再更正処分により納付すべき税額の計算の基礎となっ

た事実が本件各決定処分及び本件各再更正処分前の税額の計算の基礎とされなかったことについて、通則法第66条《無申告加算税》（平成25年分から平成27年分については平成28年法律第15号による改正前のもの。以下同じ。）第１項に規定する正当な理由があるとは認められない。

　また、請求人は、別表１のとおり、平成27年分及び平成28年分の総所得金額が2,000万円を超えており、別表２の１及び２のとおり、平成27年12月31日及び平成28年12月31日において、その価額の合計額が３億円以上の財産を有していたと認められる（上記(2)のロの㋭のＡ）から、平成27年分及び平成28年分につき、内国税の適正な課税の確保を図るための国外送金等に係る調書の提出等に関する法律（令和２年法律第８号による改正前のもの。以下「国送法」という。）第６条の２《財産債務調書の提出》第１項本文に規定する財産債務調書の提出義務があったにもかかわらず、これらをいずれも法定提出期限内に提出しなかったと認められる（当審判所の調査の結果）。

　さらに、請求人は、別表３のとおり、平成27年12月31日、平成28年12月31日及び平成29年12月31日において、その価額の合計額が5,000万円を超える国外財産を有していたと認められる（上記(2)のロの㋭のＢ）から、平成27年分から平成29年分までにつき、国送法第５条《国外財産調書の提出》第１項本文に規定する国外財産調書の提出義務があったにもかかわらず、これらをいずれも法定提出期限内に提出しなかったと認められる（当審判所の調査の結果）。

　以上を前提に、本件各決定処分に係る無申告加算税の各金額につき、通則法第66条第１項及び同条第２項並びに国送法第６条の３《財産債務に係る過少申告加算税又は無申告加算税の特例》第２項（平成27年分及び平成28年分）の規定に基づいて計算すると、いずれも別表１の各「決定処分等」欄の各「無申告加算税の額」欄の各金額と同額となり、本件各再更正処分に係る無申告加算税の各金額を、通則法第66条第１項、同条第２項及び同条第４項（平成28年分及び平成29年分）並びに国送法第６条《国外財産に係る過少申告加算税又は無申告加算税の特例》第２項（平成27年分から平成29年分）の規定に基づいて計算すると、いずれも別表１の各「再更正処分等」欄の各「無申告加算税の額」欄の各金額と同額となる。

　したがって、本件各賦課決定処分は、いずれも適法である。

(5)　結論

よって、審査請求はいずれも理由がないから、これらを棄却することとする。

別表1　審査請求に至る経緯（省略）

別表2　請求人が有する国内財産の明細（省略）

別表3　請求人が有する国外財産の明細（省略）

別紙

関係法令

1　国税通則法（以下、平成28年法律第15号による改正の前後を通じて「通則法」という。）第74条の11《調査の終了の際の手続》第2項は、国税に関する調査の結果、更正決定等をすべきと認める場合には、税務署の当該職員は、納税義務者に対し、その調査結果の内容（更正決定等をすべきと認めた額及びその理由を含む。）を説明するものとする旨規定している。

2　所得税法第2条《定義》第1項第3号は、居住者とは、国内に住所を有し、又は現在まで引き続いて1年以上居所を有する個人をいう旨、また、同項第5号は、非居住者とは、居住者以外の個人をいう旨それぞれ規定している。

3　所得税法施行令第15条《国内に住所を有しない者と推定する場合》第1項は、国外に居住することとなった個人が、国外において、継続して1年以上居住することを通常必要とする職業を有することに該当する場合（同項第1号）には、その者は、国内に住所を有しない者と推定する旨規定している。

4　民法第22条《住所》は、各人の生活の本拠をその者の住所とする旨規定している。

5　租税特別措置法（平成25年分から平成27年分においては、平成27年法律第9号による改正前のもの。平成28年分及び平成29年分においては、平成29年法律第4号による改正前のもの。以下、改正の前後を通じて「措置法」という。）第40条の4《居住者に係る特定外国子会社等の課税対象金額等の総収入金額算入》第1項は、同項各号に掲げる居住者に係る外国関係会社のうち、本店又は主たる事務所の所在する国又は地域におけるその所得に対して課される税の負担が本邦における法人の所得に対して課される税の負担に比して著しく低いものとして政令で定める外国関係会社に該当するもの（以下「特定外国子会社等」という。）が、昭和53年4月1日以後に開始する各事業年度において同条に規定する適用対象金額を有する場合には、その適用対象金額のうちその者の有する当該特定外国子会社等の直接及び間接保有の株式等の数に対応するものとしてその株式等の請求権の内容を勘案して政令で定めるところにより計算した金額に相当する金額は、その者の雑所得に係る収入金額とみなして当該各事業年度終了の日の翌日から2月を経過する日の属する年分のその者の雑所得の金額の計算

上、総収入金額に算入する旨規定している。

6　措置法第40条の４第３項は、同条第１項の規定は、同項各号に掲げる居住者に係る特定外国子会社等で、株式等若しくは債権の保有、工業所有権その他の技術に関する権利、特別の技術による生産方式若しくはこれらに準ずるもの若しくは著作権の提供又は船舶若しくは航空機の貸付けを主たる事業とするもの（株式等の保有を主たる事業とする特定外国子会社等のうち、当該特定外国子会社等が他の法人の事業活動の総合的な管理及び調整を通じてその収益性の向上に資する業務として政令で定めるもの（以下「統括業務」という。）を行う場合における当該他の法人として政令で定めるものの株式等の保有を行うものとして政令で定めるものを除く。）以外のものが、その本店又は主たる事務所の所在する国又は地域においてその主たる事業を行うに必要と認められる事務所、店舗、工場その他の固定施設を有し、かつ、その事業の管理、支配及び運営を自ら行っているものである場合であって、各事業年度においてその行う主たる事業が同条第３項各号に掲げる事業のいずれに該当するかに応じ当該各号に定める場合に該当するときは、当該特定外国子会社等のその該当する事業年度に係る適用対象金額については、適用しない旨規定している（以下、同項の規定を「本件適用除外規定」という。）。

7　措置法第40条の４第７項は、同条第３項の規定は、確定申告書に同項の規定の適用がある旨を記載した書面（以下「適用除外記載書面」という。）を添付し、かつ、その適用があることを明らかにする書類その他の資料を保存している場合に限り、適用する旨規定している。

8　租税特別措置法施行令（平成25年分から平成27年分においては、平成27年政令第148号による改正前のもの。平成28年分及び平成29年分においては、平成29年政令第114号による改正前のもの。以下、改正の前後を通じて「措置法施行令」という。）第25条の22《特定外国子会社等の事業の判定等》第２項は、措置法第40条の４第３項に規定する政令で定める他の会社とは、措置法施行令第25条の22第２項各号に掲げる法人で当該法人の発行済株式等のうちに特定外国子会社等の有する当該法人の株式等の数又は金額の占める割合及び当該法人の議決権の総数のうちに当該特定外国子会社等の有する当該法人の議決権の数に占める割合のいずれもが100分の25以上であり、かつ、その本店所在地国にその事業を行うに必要と認められる当該事業に従事する者を有するもの（以下「被統括会社」という。）とする旨規定し、また、措置法施行令第

25条の22第4項は、措置法第40条の4第3項に規定する政令で定める特定外国子会社等とは、一の居住者によってその発行済株式等の全部を直接又は間接に保有されている特定外国子会社等で措置法施行令第25条の22第4項各号に掲げる要件を満たすもの（以下「統括会社」という。）のうち、株式等の保有を主たる事業とするものとする旨規定し、同項第1号は、同項に規定する統括会社の要件として、当該特定外国子会社等に係る2以上の被統括会社に対して統括業務を行っていることを規定している。

事例2 (不納付加算税　告知の予知)

> 　源泉所得税の納付が法定納期限後になったことについて、その納付が、告知があるべきことを予知してされたものではないと認められた事例（平成31年1月分の源泉徴収に係る所得税及び復興特別所得税の不納付加算税の賦課決定処分・一部取消し・令和3年1月20日裁決）

《要旨》

　原処分庁は、請求人が法定納期限を徒過して源泉所得税等を納付したことについて、当該納付は調査担当職員が実地調査の日程調整を依頼した際に行った源泉徴収義務の存否に関する発言（本件発言）を起因としたものであり、その後の調査が進行すれば告知に至るであろうことを予知して行ったものであるから、国税通則法第67条《不納付加算税》第2項に規定する「当該国税についての調査があったことにより当該告知があるべきことを予知してされたものでないとき」に該当しない旨主張する。

　しかしながら、当該規定の適用に係る判断に当たっては、調査の内容・進捗状況、それに関する納税者の認識、納付に至る経緯、納付と調査の内容との関連性等の事情を総合考慮して判断するのが相当であるところ、調査担当職員が署内調査を行い、実地調査の日程調整を依頼した時点では、その後の調査の進行により、やがて納税の告知に至る可能性が高い状況にあったといえるものの、本件発言からは、具体的な取引内容や調査対象期間も示されず、そのため、請求人は署内調査の内容・進捗状況を具体的に認識していないと認められ、さらに、請求人が当該納付を自主的に行ったと認められるから、当該納付と署内調査との関連性も乏しいと言わざるを得ない。したがって、当該納付は、同項に規定する「当該国税についての調査があったことにより当該国税について当該告知があるべきことを予知してされたものでないとき」に該当する。

《参照条文等》

　国税通則法第67条第2項

（令和3年1月20日裁決）

《裁決書（抄）》

1　事　実

(1)　事案の概要

　　本件は、審査請求人（以下「請求人」という。）が非居住者に支払った土地の購入代金に係る源泉所得税等を法定納期限後に納付したことについて、原処分庁が、不納付加算税の賦課決定処分を行ったのに対し、請求人が、当該法定納期限後の納付については正当な理由がある上、仮にこれが認められないとしても、当該納付は調査があったことにより告知があるべきことを予知してされたものではないとして、原処分の全部又は一部の取消しを求めた事案である。

(2)　関係法令

　イ　国税通則法（以下「通則法」という。）第67条《不納付加算税》第1項は、源泉徴収による国税がその法定納期限までに完納されなかった場合には、税務署長は、当該納税者から、その法定納期限後に同法第36条《納税の告知》第1項第2号の規定による告知（以下「納税の告知」という。）を受けることなく納付された税額に100分の10の割合を乗じて計算した金額に相当する不納付加算税を徴収する旨規定し、同法第67条第1項ただし書は、当該告知又は納付に係る国税を法定納期限までに納付しなかったことについて正当な理由があると認められる場合はこの限りでない旨規定している。

　ロ　通則法第67条第2項は、源泉徴収による国税が納税の告知を受けることなくその法定納期限後に納付された場合において、その納付が、当該国税についての調査があったことにより当該国税について当該告知があるべきことを予知してされたものでないときは、その納付された税額に係る同条第1項の不納付加算税の額は、同項の規定にかかわらず、当該納付された税額に100分の5の割合を乗じて計算した金額とする旨規定している。

(3)　基礎事実及び審査請求に至る経緯

　　当審判所の調査及び審理の結果によれば、以下の事実が認められる。

　イ　請求人は、総合建設業等を目的として設立された法人である。

　ロ　請求人は、平成30年12月28日、G（以下「本件譲渡人」という。）との間で、b市e町○-○の宅地（以下「本件土地」という。）を代金○○○○円で購入す

る旨の売買契約（以下「本件売買契約」という。）を締結し、同日、本件譲渡人に対し、手付金として10,000,000円を支払った。

ハ　本件譲渡人は、平成30年12月31日、中華人民共和国香港特別行政区（以下「香港」という。）へ転出した。

ニ　請求人は、平成31年1月21日、本件譲渡人に対し、上記ロの代金の残額○○○○円及び公租公課の分担金清算額○○○○円の合計○○○○円（以下、これらを併せて「本件代金等」という。）を支払い、同日付で、本件売買契約を原因とする本件土地の所有権移転登記が行われた。

　　なお、請求人は、本件代金等の支払の際、源泉徴収に係る所得税及び復興特別所得税（以下、源泉徴収に係る所得税及び復興特別所得税を併せて「源泉所得税等」といい、本件代金等に係る源泉所得税等を「本件源泉所得税等」という。）を本件譲渡人から徴収せず、法定納期限までにこれを納付しなかった。

ホ　原処分庁所属の調査担当職員（以下「本件調査担当職員」という。）は、令和元年7月2日、税理士法人HのJ（以下「本件担当者」という。）に対し、請求人の源泉所得税等について実地調査を行う旨及びその日程調整を依頼する旨の電話連絡をした（以下、当該電話連絡を「本件電話連絡」という。）。

ヘ　請求人は、令和元年7月5日、上記ロの手付金及び本件代金等の合計額を基礎として計算した源泉所得税等の額○○○○円を納付した（以下、当該納付を「本件納付」という。）。

ト　請求人は、令和元年7月8日、上記ホの税理士法人及びK税理士を税務代理人とする税務代理権限証書を原処分庁に提出した。

チ　原処分庁は、令和元年8月5日付で、本件源泉所得税等の額を○○○○円と計算し、その不納付加算税の額を○○○○円とする賦課決定処分をした（以下、当該賦課決定処分を「当初賦課決定処分」という。）。

　　なお、原処分庁は、令和元年8月22日付で、本件納付のうち○○○○円を超える部分が誤納（自主）であったとして、その還付金等を当初賦課決定処分に係る不納付加算税の額に充当した。

リ　請求人は、当初賦課決定処分に係る通知書に斜線が引かれていたことなどから、当初賦課決定処分に不服があるとして、令和元年10月31日に審査請求をした（以下、当該審査請求を「当初審査請求」という。）。

ヌ　原処分庁は、令和元年12月5日付で、当初賦課決定処分を取り消した上、同月
　　6日付で、それと同額の不納付加算税の賦課決定処分をした（以下、当該賦課決
　　定処分を「本件賦課決定処分」という。）。

ル　請求人は、令和2年1月29日、当初審査請求を取り下げた上、本件賦課決定処
　　分に不服があるとして、審査請求をした。

2　争　点
⑴　請求人が法定納期限を徒過して本件源泉所得税等を納付したことについて、通則
　　法第67条第1項ただし書に規定する「正当な理由」があるか否か（争点1）。
⑵　本件納付が通則法第67条第2項に規定する「当該国税についての調査があったこ
　　とにより当該国税について当該告知があるべきことを予知してされたものでないと
　　き」に該当するか否か（争点2）。

3　争点についての主張
⑴　争点1（請求人が法定納期限を徒過して本件源泉所得税等を納付したことについ
　　て、通則法第67条第1項ただし書に規定する「正当な理由」があるか否か。）につ
　　いて

請求人	原処分庁
本件調査担当職員は、本件電話連絡の際、本件担当者に対し「非居住者からの土地の取得があると思われるので確認させていただきたい。」と発言（以下「本件発言」という。）したところ、本件発言は、国税庁が提供する「税務調査手続に関するFAQ（一般納税者向け）」の問18の定めに違反して、調査の理由を説明したものであり、国家公務員法等に規定する守秘義務等に違反している。　本件賦課決定処分は、このような守秘義務等の違反を前提としたものであるから、クリーンハンズの原則に照らし、通	本件発言を含む本件調査担当職員による一連の行為は、源泉所得税等の課税標準等又は税額等を認定するに至る一連の判断過程であり、通則法第67条第2項に規定する「調査」に該当するものであるから、本件発言は、実地調査の理由を説明するものではない。また、本件発言の内容は、国家公務員法第100条《秘密を守る義務》等に規定する秘密を漏らすことには該当しないものであるし、本件発言の相手方である本件担当者は、請求人に全く関係のない第三者ではないから、この点からも、守秘義務に違反したとは

則法第67条第1項ただし書に規定する「正当な理由」があると認めるべきである。	認められない。 　したがって、請求人が法定納期限を徒過して本件源泉所得税等を納付したことについて、通則法第67条第1項ただし書に規定する「正当な理由」があるとは認められない。

(2)　争点2（本件納付が通則法第67条第2項に規定する「当該国税についての調査があったことにより当該国税について当該告知があるべきことを予知してされたものでないとき」に該当するか否か。）について

請求人	原処分庁
本件納付は、次のとおり、通則法第67条第2項の規定する「当該国税についての調査があったことにより当該国税について当該告知があるべきことを予知してされたものでないとき」に該当する。 イ　通則法第67条第2項に規定する「調査」とは、納税者において了知し得るものである必要があると解されるところ、本件では、本件納付までに原処分庁においてどのような調査が行われていたかを了知し得る状況にはなく、本件発言をもって、請求人がそれを了知することもできなかったから、同項に規定する「調査」があったとは認められない。 　なお、国税庁長官発遣の「調査手続の実施に当たっての基本的な考え方等について（事務運営指針）」（平成24年	本件納付は、次のとおり、通則法第67条第2項の規定する「当該国税についての調査があったことにより当該国税について当該告知があるべきことを予知してされたものでないとき」に該当しない。 イ　通則法第67条第2項に規定する「調査」とは、一連の判断過程の一切を意味し、いわゆる机上調査のような租税官庁内部における調査も含むと解されるところ、本件発言を含む本件調査担当職員による一連の行為は、源泉所得税等の課税標準等又は税額等を認定するに至る一連の判断過程であり、同項に規定する「調査」に該当する。 　なお、本件調査担当職員は、本件土地の登記等を調査した上で、本件電話連絡により実地調査を行う旨を伝え、本件発言をしたものであり、このよう

9月12日付課総5-11ほか9課共同）の定めによれば、調査として行う旨を明示せずに行われた本件発言は、通則法第67条第2項に規定する「調査」には該当しない。	な経緯からすれば、本件発言は、調査と行政指導の区分を明示した上で行ったものといえる。
ロ　国税庁長官発遣の「源泉所得税及び復興特別所得税の不納付加算税の取扱いについて（事務運営指針）」（平成12年7月3日付課法7-9ほか3課共同）第1の2注書1の定めによれば、実地調査のための日程調整の連絡しかされていない段階で行われた本件納付は、通則法第67条第2項に規定する「告知があるべきことを予知してされたものでないとき」に該当する。	ロ　本件発言は、請求人の源泉所得税等の課税標準等又は税額等を認定する目的で行う質問検査権の行使によりなされたものであり、請求人は、本件発言の時点で、調査があったことを了知し、その後の調査が進行すれば告知に至るであろうことを予知して本件納付を行ったものといえるから、本件納付は、通則法第67条第2項に規定する「告知があるべきことを予知してされたものでないとき」には該当しない。

4　当審判所の判断

(1)　認定事実

　　　請求人提出資料、原処分関係資料並びに当審判所の調査及び審理の結果によれば、以下の事実が認められる。

　イ　本件譲渡人は、平成30年12月21日、g県内の税理士法人を納税管理人とする所得税の納税管理人の届出書を所轄の税務署長に提出するとともに、同月26日、他の税理士を納税管理人とする消費税の納税管理人の届出書を所轄の税務署長に提出した。

　　　なお、これらの届出書には、平成30年12月31日に香港へ転出する旨がそれぞれ記載されており、また、これらのうち消費税の納税管理人の届出書には、納税管理人を定めた理由として「香港へ転勤のため（帰国日は現時点では未定）」と記載されていた。

　ロ　本件調査担当職員は、令和元年6月頃、税務署内における調査（以下「本件署

内調査」という。）の結果、①請求人が本件譲渡人から本件土地を取得し、平成
31年1月21日付でその所有権移転登記が行われたこと、②上記イのとおり本件譲
渡人が平成30年12月31日に香港へ転出し、非居住者に該当するに至ったこと、③
請求人の源泉所得税調査簿によると、非居住者に支払った土地購入代金に係る源
泉所得税等の納付がないことを把握した。

ハ　本件調査担当職員は、令和元年7月2日、本件担当者に対し、本件電話連絡を
し、実地調査の日程調整を依頼する中で、本件発言（「非居住者からの土地の取
得があると思われるので確認させていただきたい。」との発言）をしたが、本件
源泉所得税等に関する具体的な指摘、質問等はなかった。

　　これに対し、本件担当者は、それに該当する取引があるか否かを確認する旨及
び調査の日程調整をする旨を述べた。

ニ　これを受け、本件担当者は、令和元年7月2日、請求人の経理担当取締役（以
下「本件取締役」という。）に対し、最近までの取引の中に非居住者からの土地
購入取引があったか否かを確認した。

　　これに対し、本件取締役は、それに該当する取引は記憶にないが念のため確認
する旨を述べた後、土地購入取引に係る台帳や本件土地の登記簿謄本を確認した
ところ、本件代金等の支払時点で本件譲渡人が非居住者になっていたことを把握
した。

　　なお、本件土地の登記簿謄本には、上記1(3)ニの所有権移転登記に先立ち、本
件譲渡人が香港へ住所移転した旨が記載されていた。

ホ　本件取締役は、令和元年7月2日又は同月3日、本件担当者に対し、非居住者
からの土地購入取引があった旨を報告したところ、本件担当者から、本件源泉所
得税等の納付が必要になる旨の説明を受けた。

ヘ　本件取締役は、請求人の本件売買契約に係る担当者を通じて、本件譲渡人に対
し、請求人が納付する本件源泉所得税等の額を後日支払う意思があることを確認
した上、請求人の代表取締役（以下「本件代表者」という。）に対し、本件源泉
所得税等の納付について報告したところ、本件代表者は、本件譲渡人に当該意思
があることを確認しているのであれば速やかに本件源泉所得税等を納付するよう
指示をした。

ト　本件取締役は、本件源泉所得税等の額及び納付方法等を本件担当者に相談し、

本件担当者から送付された納付書に本件源泉所得税等の額を自ら記載した上、令和元年7月5日、本件納付をした。

チ　本件調査担当職員は、令和元年7月8日、本件担当者に対し、請求人の源泉所得税等について、実地調査を開始する日時を同月24日午前10時とする旨などを電話で通知したが、本件源泉所得税等に係る具体的な指摘、質問等はなかった。

なお、本件調査担当職員は、令和元年7月8日、本件担当者に対し、平成29年10月1日から平成30年9月30日までの事業年度の法人税等及び平成29年10月1日から平成30年9月30日までの間に法定納期限が到来する源泉所得税等に係る税務代理権限証書の提出を依頼し、令和元年7月8日に、当該依頼に沿った上記1(3)トの税務代理権限証書が提出された。

リ　本件調査担当職員は、令和元年7月24日、請求人の納税地に臨場して源泉所得税等の実地調査を行い、同席した本件取締役が準備していた帳簿書類のうち本件代金等の支払明細等を確認するなどしたが、その後、本件取締役から本件納付をした旨の報告を受けたため、その納付書を確認して、当該実地調査を終了した。

ヌ　上記1(3)トの請求人の税務代理人らは、当初賦課決定処分が行われた後である令和元年8月30日、L税務署を訪れ、本件調査担当職員等に対し、当初賦課決定処分の再検討を申し入れた。

(2)　争点1（請求人が法定納期限を徒過して本件源泉所得税等を納付したことについて、通則法第67条第1項ただし書に規定する「正当な理由」があるか否か。）について

イ　法令解釈

通則法第67条第1項に規定する不納付加算税は、源泉所得税等の不納付による納税義務違反の事実があれば、原則としてその違反者に対して課されるものであり、これによって、当初から適正に徴収及び納付した者との間の客観的不公平の実質的な是正を図るとともに、源泉所得税等の不納付による納税義務違反の発生を防止し、適正な徴収及び納付の実現を図り、もって納税の実を挙げようとする行政上の措置である。そうすると、同項ただし書に規定する「正当な理由」が認められる場合とは、告知又は納付に係る国税を法定納期限までに納付しなかったことについて、真に源泉徴収義務者の責めに帰することのできない客観的な事情があり、上記不納付加算税の趣旨に照らしても、なお、源泉徴収義務者に不納付

— 43 —

加算税を賦課することが不当又は酷になる場合をいうと解するのが相当である。

ロ　検討

　　本件では、上記1(3)ニ並びに上記(1)ロ及びニのとおり、本件土地の所有権移転登記に先立ち、本件譲渡人が香港へ住所移転をした旨の登記がされたのであり、請求人が本件土地の所有権移転登記を確認した際に、当該住所移転があったことも容易に認識できたはずであるし、そのほかに、当審判所の調査によっても、真に源泉徴収義務者である請求人の責めに帰することのできない客観的な事情があると認めるに足りる的確な証拠は存在しない。

　　したがって、請求人が法定納期限を徒過して本件源泉所得税等を納付したことについて、通則法第67条第1項ただし書に規定する「正当な理由」があるとは認められない。

ハ　請求人の主張について

　　請求人は、上記3(1)の「請求人」欄のとおり、本件賦課決定処分は本件発言による守秘義務違反を前提としたものであるから、クリーンハンズの原則に照らし、通則法第67条第1項ただし書に規定する「正当な理由」がある旨主張する。

　　しかしながら、請求人が法定納期限を徒過して本件源泉所得税等を納付したことについて、通則法第67条第1項ただし書に規定する「正当な理由」があるとは認められないことは、上記ロで述べたとおりであるし、請求人の主張する事情は、法定納期限後のものにすぎず、本件調査担当職員に守秘義務違反があるか否かの事情は、本件源泉所得税等を法定納期限までに納付しなかったことについて、真に源泉徴収義務者である請求人の責めに帰することのできない客観的な事情とは関係しないから、請求人の主張は理由がない。

(3)　争点2（本件納付が通則法第67条第2項に規定する「当該国税についての調査があったことにより当該国税について当該告知があるべきことを予知してされたものでないとき」に該当するか否か。）について

イ　法令解釈

　　源泉徴収による国税が法定納期限までに完納されなかった場合には、通則法第67条第1項の規定により、その法定納期限後に納付された税額に100分の10の割合を乗じて計算した金額に相当する不納付加算税を徴収するのが原則であるが、同条第2項は、法定納期限後であっても源泉徴収義務者の自発的な納付を奨励す

る趣旨から、「当該国税についての調査があったことにより当該国税について当該告知があるべきことを予知」することなく自主的にこれを納付した者に対しては、通常よりも一段低い水準の不納付加算税を徴収することにしたものである。

　　このような通則法第67条第2項の文言及び趣旨からすると、法定納期限後の納付が、同項に規定する「当該国税についての調査があったことにより当該国税について当該告知があるべきことを予知してされたものでないとき」に該当するか否かの判断に当たっては、①調査の内容・進捗状況、②それに関する納税者の認識、③納付に至る経緯、④納付と調査の内容との関連性等の事情を総合考慮して判断するのが相当である。

ロ　検討

(イ)　本件署内調査の内容・進捗状況

　　上記(1)イ及びロのとおり、本件調査担当職員は、本件署内調査の結果、請求人による本件土地の取得日、本件譲渡人の香港への転出日及び請求人の源泉所得税等の納付状況を把握したことが認められる。それらによれば、本件調査担当職員は、請求人が国内にある本件土地の譲渡による対価を非居住者である本件譲渡人に支払い、本件源泉所得税等を納付すべきであったにもかかわらず、その納付をしていない可能性が高いと判断して、上記1(3)ホのとおり、令和元年7月2日に本件電話連絡をしたものと考えられる。そのため、同日の時点で、そのまま本件調査担当職員による調査が進展すれば、上記(1)リのように本件代金等の支払明細等が確認されるなどして、やがて本件源泉所得税等に係る納税の告知に至る可能性が高い状況にあったといえる。

(ロ)　上記(イ)の本件署内調査の内容・進捗状況に関する請求人の認識

　　もっとも、上記(1)ハ及びニのとおり、本件調査担当職員は、令和元年7月2日の本件電話連絡において、実地調査の日程調整の依頼をする中で、本件発言をしたにすぎず、それ以外に、本件源泉所得税等に関する具体的な指摘、質問等をしたことはなく、それを受けた本件担当者も、本件取締役に該当する取引の有無を確認した際に、確認すべき期間を具体的に指定するなどしなかったことが認められる。その上、上記(1)チのとおり、本件調査担当職員は、本件納付後の同月8日、本件担当者に対し、本件源泉所得税等とは関係のない税務代理権限証書の提出を求め、その結果、本件源泉所得税等とは関係のない税務代理

権限証書が提出されたにもかかわらず、本件調査担当職員が、その後も本件担当者等に対して、本件源泉所得税等に係る税務代理権限証書を提出するよう依頼したなどの事情もうかがわれない。このことから、本件納付以前に、本件調査担当職員が本件源泉所得税等を調査対象とするような発言をしていたとも考え難い。これらの事情によれば、本件担当者や請求人は、本件納付までの間において、本件調査担当職員が実地調査のために日程の調整を要求していることまでは認識していたとは認められるが、本件源泉所得税等が調査の対象として、その内容・進捗状況が上記(イ)の状況であったことを具体的に認識していなかったと認められる。

(ハ)　本件納付に至る経緯及び本件署内調査の内容との関連性

上記(ロ)のとおり、請求人は、上記(イ)の本件署内調査の内容・進捗状況を具体的に認識しておらず、本件源泉所得税等が調査対象になっていることも認識できる状況になかったと認められる。そのような状況において、上記(1)ニからトまでのとおり、本件取締役による自主的な確認が行われ、その結果、本件代金等の支払時点で本件譲渡人が非居住者になっていたことが判明し、請求人は、本件担当者にその旨報告したところ、本件源泉所得税等の納付が必要である旨の説明を受けた上、本件代表者からも速やかに納付するよう指示を受け、本件電話連絡のあった日から3日後の令和元年7月5日に本件納付をしたことが認められる。このような経緯に照らせば、本件納付は、請求人自身の自主的な確認によって行われたものと評価すべきであって、本件署内調査との関連性は乏しいといわざるを得ない。

(ニ)　結論

以上の事情を総合考慮すると、上記(イ)のとおり、本件署内調査により、そのまま本件調査担当職員による調査が進展すれば、やがて本件源泉所得税等に係る納税の告知に至る可能性が高い状況にあったとは認められるものの、上記(ロ)及び(ハ)のとおり、請求人は、それを具体的に認識しておらず、本件納付も、請求人自身の自主的な確認によって行われたものであって、本件署内調査との関連性も乏しいといわざるを得ないから、本件納付は、通則法第67条第2項に規定する「当該国税についての調査があったことにより当該国税について当該告知があるべきことを予知してされたものでないとき」に該当するというべきで

ある。

ハ　原処分庁の主張について

　原処分庁は、上記３(2)の「原処分庁」欄のとおり、本件発言を含む本件調査担
当職員による一連の行為は通則法第67条第２項に規定する「調査」に該当する上、
請求人も本件発言の時点で調査があったことを了知し、その後の調査が進行すれ
ば告知に至るであろうことを予知して本件納付を行ったものといえるから、通則
法第67条第２項に規定する「当該国税についての調査があったことにより当該国
税について当該告知があるべきことを予知してされたものでないとき」に該当し
ない旨主張する。

　しかしながら、本件発言は、実地調査の日程調整を依頼する中でされたものに
すぎず、その内容も抽象的で、具体的な取引内容や調査対象期間も示されていな
いから、本件発言自体が「調査」に該当するとは認められないし、また、請求人
が本件署内調査の内容・進捗状況を具体的に認識しておらず、本件納付も、請求
人自身の自主的な確認によって行われたものであって、本件署内調査との関連性
も乏しいといわざるを得ないことは、上記ロで述べたとおりであって、本件発言
だけをもって、当審判所の当該判断が左右されることはないから、原処分庁の主
張は理由がない。

　なお、原処分庁が提出した令和元年９月12日付調査報告書には、本件電話連絡
をした際、本件調査担当職員が調査対象期間及び税目について平成30年11月12日
から令和元年６月10日までの間に法定納期限が到来する源泉所得税等とすると伝
えた旨が記載されている。しかしながら、当該調査報告書は、本件電話連絡のあ
った日から２か月以上も経過し、かつ、上記(1)ヌの当初賦課決定処分の再検討の
申入れがされた後に作成されたものである。また、当審判所の調査によると、上
記(1)チのとおり、本件調査担当職員は、令和元年７月８日、本件源泉所得税等と
は年分が異なり、かつ別の税目を付加した税務代理権限証書の提出を求め、実際
にも、本件源泉所得税等とは年分の異なる税務代理権限証書が提出されたにもか
かわらず、本件源泉所得税等に係る税務代理権限証書を提出するよう依頼したな
どの事情はない。したがって、その本件調査担当職員が同月２日の時点で当該調
査報告書に記載された調査対象期間及び税目を伝えていたとは考え難く、当該調
査報告書の記載内容を直ちに信用することはできない。

(4) 請求人のその他の主張について

　　請求人は、当初審査請求中に当初賦課決定処分を取り消し、その経緯を説明する
ことなく当初賦課決定処分と同額で行った本件賦課決定処分は、審査請求制度を軽
視したものであり、課税権の濫用に該当する旨主張する。

　　しかしながら、原処分庁が審査請求中に職権で処分を取り消した上、それと同額
となる再処分を行うことができないとする法令の規定はないし、適正な課税の実現
を図るためにも、原処分庁が処分に瑕疵があることを発見したときには、これを取
り消した上で新たに再処分を行うことも許容されると解すべきである。そして、当
審判所に提出された証拠資料等によれば、原処分庁は、上記 1(3)リのとおり、当初
審査請求の審理の過程で、当初賦課決定処分に係る通知書に斜線が引かれていたと
請求人に主張され、当初賦課決定処分に瑕疵があるとされる余地があったことから、
それを是正するために本件賦課決定処分をしたものであって、本件賦課決定処分に
課税権の濫用に該当する違法があるとは認められず、請求人の主張は理由がない。

(5) 本件賦課決定処分の適法性について

　　上記(2)のとおり、請求人が法定納期限を徒過して本件源泉所得税等を納付したこ
とについて、通則法第67条第 1 項ただし書に規定する「正当な理由」があるとは認
められないが、上記(3)のとおり、本件納付は通則法第67条第 2 項に規定する「当該
国税についての調査があったことにより当該国税について当該告知があるべきこと
を予知してされたものでないとき」に該当する。そして、当審判所において本件源
泉所得税等の不納付加算税の額を計算すると、○○○○円となり、本件賦課決定処
分の額を下回る。

　　なお、本件賦課決定処分のその他の部分については、請求人は争わず、当審判所
に提出された証拠資料等によっても、これを不相当とする理由は認められない。

　　したがって、本件賦課決定処分は、別紙「取消額等計算書」のとおり、その一部
を取り消すべきである。

(6) 結論

　　よって、審査請求には理由があるから、原処分の一部を取り消すこととする。

別紙　取消額等計算書（省略）

事例3 （重加算税　隠ぺい、仮装の認定　認めなかった事例）

> みなし相続財産に該当する生命保険金が申告漏れとなったことにつき、請求人が殊
> 更過少な相続税申告書を提出したとは認められないとした事例（①平成29年3月相続
> 開始に係る相続税の重加算税の賦課決定処分、②平成29年3月相続開始に係る相続税
> の更正処分及び過少申告加算税の賦課決定処分・①一部取消し、②全部取消し・令和
> 3年2月5日裁決）
>
> 《ポイント》
> 　本事例は、相続税の重加算税を賦課する場合の殊更過少な相続税申告書を提出した
> か否かの認定に当たっては、請求人や税理士の証言の一部分をもって判定するのでは
> なく、その証言内容を裏付けるに足る事情の存在を含めて判定すべきとしたものであ
> る。

《要旨》

　原処分庁は、請求人が一部の生命保険金について相続税の申告すべき財産であること
を十分認識していたにもかかわらず、関与税理士に対してその存在を殊更に秘匿したこ
となどに照らせば、国税通則法第68条《重加算税》第1項に規定する重加算税の賦課要
件を満たす旨主張する。

　しかしながら、同税理士は関係資料等の提出時や申告書の作成時に請求人に対して具
体的な確認等をしていなかった上、その他に、請求人が同税理士に対して殊更にその存
在を秘匿したと裏付けるに足りる事情も存在しないことなどに照らせば、請求人が当初
から過少申告を意図し、その意図を外部からもうかがい得る特段の行動をした上、その
意図に基づく過少申告をしたような場合に該当するとまでは認められないから、同項に
規定する重加算税の賦課要件を満たすとはいえない。

《参照条文等》

　国税通則法第68条第1項

《参考判決・裁決》

最高裁平成 7 年 4 月28日第二小法廷判決（民集49巻 4 号1193頁）

（令和3年2月5日裁決）

《裁決書（抄）》

1　事　実

　(1)　事案の概要

　　　本件は、被相続人の配偶者である審査請求人H（以下「請求人妻」という。）及び被相続人の二男である審査請求人F（以下「請求人二男」といい、請求人妻と併せて「請求人ら」という。）が、原処分庁所属の職員による調査を受け、被相続人の死亡により取得した共済金の申告漏れなどがあったとして、相続税の修正申告をしたところ、原処分庁が、請求人二男に対し、当該共済金の申告漏れにつき重加算税の賦課要件を満たすとして、重加算税の賦課決定処分をするとともに、請求人妻に対し、相続税法第19条の2《配偶者に対する相続税額の軽減》第1項に規定する配偶者に対する相続税額の軽減については同条第5項の規定が適用されるとして、更正処分及び過少申告加算税の賦課決定処分をしたことから、請求人二男が、上記重加算税の賦課決定処分の一部（過少申告加算税相当額を超える部分の金額）の取消しを求め、請求人妻が、上記更正処分及び過少申告加算税の賦課決定処分の全部の取消しを求めた事案である。

　(2)　関係法令

　　　関係法令の要旨は、別紙3のとおりである（なお、別紙3で定義した略語については、以下、本文においても使用する。）。

　(3)　基礎事実及び審査請求に至る経緯

　　　当審判所の調査及び審理の結果によれば、以下の事実が認められる。

　　イ　J（以下「本件被相続人」という。）は、平成29年3月〇日に死亡し、同人に係る相続（以下「本件相続」という。）が開始した。

　　ロ　本件相続に係る相続人は、請求人妻、請求人二男及び本件被相続人の三男の3名である。

　　ハ　本件被相続人が、その生前に、K農業協同組合（以下「本件農協」という。）との間で、被共済者を本件被相続人、死亡共済金の受取人を請求人妻とする生命共済に係る契約を締結していたところ、請求人二男は、本件被相続人の死後に、請求人妻の了承の下、当該契約に係る死亡共済金の支払請求手続を行い、平成29年4月3日、当該死亡共済金（以下「本件共済金」という。）40,368,587円が、本

— 52 —

件農協○○支店の請求人妻名義の普通貯金口座（以下「請求人妻名義口座」という。）に振り込まれた。

ニ　請求人らは、平成29年3月16日、本件相続に係る相続税（以下「本件相続税」という。）の申告書及び遺産分割協議書の作成等をL税理士（以下「本件税理士」という。）に依頼した。請求人二男は、本件税理士との面談の中で、生命保険金等が相続税の申告すべき財産である旨の説明を受けるなどした。

ホ　請求人らは、本件相続税について、それぞれ別表の「当初申告」欄のとおり記載した申告書（以下、当該申告書を「本件当初申告書」という。）を法定申告期限までに提出した。

　　なお、本件当初申告書の第9表「生命保険金などの明細書」には、M社から支払われた死亡保険金（以下「係争外死亡保険金」という。）8,051,150円は記載されていたが、本件共済金は記載されていなかった。

ヘ　請求人二男は、平成29年12月22日に、請求人妻の了承の下、請求人妻名義口座から43,993,200円を本件農協○○支店の請求人二男名義の普通貯金口座に振り替えた後、当該口座から本件相続税の合計金額○○○○円（請求人二男分○○○○円及び本件被相続人の三男分○○○○円）を納付した。

ト　請求人らは、原処分庁所属の職員（以下「本件調査担当職員」という。）による調査（以下「本件調査」という。）を受け、本件共済金の申告漏れなどがあったとする指摘に従い、令和元年11月11日、別表の「修正申告」欄のとおり記載した本件相続税の修正申告書を提出した。

　　なお、当該修正申告書において、請求人妻は、相続税法第19条の2第1項に規定する配偶者に対する相続税額の軽減を適用した。

チ　原処分庁は、令和元年12月20日付で、本件共済金の申告漏れにつき請求人二男の行為が通則法第68条第1項に規定する重加算税の賦課要件を満たすとして、請求人二男に対し、別表の「賦課決定処分」欄のとおりの重加算税の賦課決定処分をした。また、原処分庁は、同日付で、相続税法第19条の2第1項に規定する配偶者に対する相続税の軽減については同条第5項の規定が適用されるとして、請求人妻に対し、別表の「更正処分等」欄のとおりの更正処分及び過少申告加算税の賦課決定処分をした。

リ　請求人らは、請求人二男については上記チの重加算税の賦課決定処分のうちの

一部（過少申告加算税相当額を超える部分の金額）を、請求人妻については上記
チの更正処分及び過少申告加算税の賦課決定処分の全部をそれぞれ不服として、
令和2年2月12日に審査請求をした。

　なお、請求人らは、請求人二男を総代として選任し、同年3月4日にその旨を
届け出た。

2　争　点

(1)　請求人二男の行為が通則法第68条第1項に規定する重加算税の賦課要件を満たす
　か否か（争点1）。

(2)　相続税法第19条の2第1項に規定する配偶者に対する相続税額の軽減について、
　同条第5項の規定が適用されるか否か（争点2）。

3　争点についての主張

(1)　争点1（請求人二男の行為が通則法第68条第1項に規定する重加算税の賦課要件
　を満たすか否か。）について

原処分庁	請求人二男
請求人二男の行為は、次のとおり、通則法第68条第1項に規定する重加算税の賦課要件を満たす。 イ　上記1(3)ニの説明を受けたこと、係争外死亡保険金については上記1(3)ホのとおり申告したことに照らせば、請求人二男は、本件共済金が本件相続税の申告すべき財産であることを十分認識していたと認められる。 　なお、請求人二男は、本件共済金が本件相続税の申告すべき財産でないものと誤解していた旨主張するが、審査請求においても、当初は、本件相続税の申告すべき財産であるとの認識があることを前提に主張していたのであっ	請求人二男の行為は、次のとおり、通則法第68条第1項に規定する重加算税の賦課要件を満たさない。 イ　請求人二男は、本件被相続人から本件共済金を本件相続税の納税資金に使うよう言われていたし、本件税理士から受けた説明も漠然としたものであったため、本件共済金については、本件相続税の納税資金との意識しかなく、本件相続税の申告すべき財産ではないと誤解していた。

て、不合理な変遷といわざるを得な
い。

　また、本件共済金は、申告した係争
外死亡保険金に比べて極めて高額であ
り、本件相続により取得した不動産以
外の財産の過半を占めるものであるこ
となどからすると、請求人二男が本件
共済金について安易に誤解することは
考え難い。

ロ　それにもかかわらず、請求人二男
は、本件税理士から本件相続税に係る
資料の提出を求められた際に、係争外
死亡保険金に係る資料のみを提出し
て、「生命保険金は１つしかない。」と
説明した上、本件当初申告書の作成に
当たっても、本件税理士から申告する
財産について説明を受け、本件共済金
が記載されていないことを認識しなが
ら敢えて指摘せず、本件当初申告書に
押印して原処分庁に提出した。そし
て、自らが管理する請求人妻名義口座
に上記１(3)ハの振込みがされてから、
本件相続税の納付に充てることを決意
して上記１(3)への振替等をするまでの
一連の過程において、その都度、本件
共済金を意識する機会があったにもか
かわらず、本件税理士にその存在を一
切伝えなかったことも考慮すれば、請
求人二男は、本件共済金を除外する意

ロ　本件は、請求人二男が本件税理士に
対して提出した本件相続税に係る資料
に本件共済金に係る資料が含まれてい
なかったことにより、申告漏れとなっ
たものであるが、請求人二男として
は、本件相続税に係る資料の全てを提
出していたものと認識していたし、納
税資金に充てるために本件共済金に係
る資料を区別して管理していたことか
ら、その提出が漏れてしまったにすぎ
ない。

　なお、本件税理士は、生命保険金が
係争外死亡保険金以外にないかを問う
質問をしておらず、請求人二男は、生
命保険金が当該死亡保険金しかない旨
の説明をしたことはないし、本件当初
申告書の作成に当たっても、本件税理
士が、本件当初申告書の内容を個別に
説明したことはなく、請求人二男も、
その内容を十分に確認していなかっ

図をもって本件税理士に対して殊更に
その存在を秘匿したものといえる。

　なお、請求人二男は、本件税理士に
対し、本件共済金を本件相続税の納付
に充てることを伝えてはいた旨主張す
るが、仮にそうであれば、本件税理士
は本件共済金を申告すべき財産とした
はずである。

　また、請求人二男は、本件共済金に
係る資料を区別して管理していた旨主
張するが、上記イのとおり、本件相続
税の申告すべき財産であると認識して
いたことに照らせば、むしろ本件共済
金が課税対象となることを回避するた
めであったとするのが相当である。

ハ　また、請求人二男は、本件調査担当
職員に対し、本件調査の当初において
は、本件共済金の存在を伝えなかった
理由は覚えていない旨などを申述して
いたが、その後、単なる失念にすぎな
いかのように申述等を変遷させた。

　なお、仮に本件共済金の申告漏れが
単なる失念などであったとすれば、本
件調査の当初からその旨申述等するの
が自然であるし、本件税理士の申述等
を考慮すれば、本件共済金の申告漏れ
が単なる失念であるかのような請求人
二男の申述等は信用できない。

ニ　以上に加え、請求人二男としては、

た。

　また、請求人二男は、本件税理士に
対し、本件共済金を本件相続税の納付
に充てる旨を伝えてはいた。

ハ　原処分庁は、請求人二男が本件調査
担当職員に対する申述等を変遷させた
旨主張する。しかしながら、本件調査
の当初においては、申告漏れを指摘さ
れたことによる動揺に加えて、記憶が
曖昧なところがあった上、本件税理士
の記憶違い等もあったが、その後、記
録等を照合した結果、本件税理士に説
明した内容等を思い出したことから、
その申述等が変化したにすぎず、何ら
不自然とはいえない。

ニ　以上に加え、本件調査で本件調査担

本件相続税の負担を極力少なくしたいと考えるのが自然であって、本件共済金を除外することにより多額の本件相続税を免れることになることなども考慮すれば、請求人二男は、本件共済金につき、それが申告すべき財産であることを十分認識しながら、過少に申告することを意図し、その意図を外部からもうかがい得る特段の行動をした上で、その意図に基づく過少申告をしたと認められる。	当職員から指摘を受け、速やかに修正申告したこと、本件共済金の取得者である請求人妻には配偶者に対する相続税額の軽減が適用されるため、本件共済金を申告から除外する動機が乏しいことなども考慮すれば、本件共済金は単なる過失により申告漏れとなったものにすぎず、過少に申告することを意図していたということも、その意図を外部からもうかがい得る特段の行動をしたということもできない。

(2) 争点2（相続税法第19条の2第1項に規定する配偶者に対する相続税額の軽減について、同条第5項の規定が適用されるか否か。）について

原処分庁	請求人妻
上記(1)の「原処分庁」欄によれば、請求人二男の行為は相続税法第19条の2第5項に規定する適用要件を満たすから、同条第1項に規定する配偶者に対する相続税額の軽減について、同条第5項の規定が適用される。	上記(1)の「請求人二男」欄によれば、請求人二男の行為は相続税法第19条の2第5項に規定する適用要件を満たさないから、同条第1項に規定する配偶者に対する相続税額の軽減について、同条第5項の規定は適用されない。

4 当審判所の判断

(1) 争点1（請求人二男の行為が通則法第68条第1項に規定する重加算税の賦課要件を満たすか否か。）について

イ 法令解釈

　通則法第68条第1項に規定する重加算税の制度は、納税者が過少申告をするについて隠蔽、仮装という不正手段を用いていた場合に、過少申告加算税よりも重い行政上の制裁を科することによって、悪質な納税義務違反の発生を防止し、もって申告納税制度による適正な徴税の実現を確保しようとするものである。

したがって、重加算税を課するためには、納税者のした過少申告行為そのもの
　が隠蔽、仮装に当たるというだけでは足りず、過少申告行為そのものとは別に、
　隠蔽、仮装と評価すべき行為が存在し、これに合わせた過少申告がされたことを
　要するものである。しかし、上記重加算税制度の趣旨に鑑みれば、架空名義の利
　用や資料の隠匿等の積極的な行為が存在したことまで必要であると解するのは相
　当でなく、納税者が、当初から過少に申告することを意図し、その意図を外部か
　らもうかがい得る特段の行動をした上、その意図に基づく過少申告をしたような
　場合には、重加算税の賦課要件が満たされるものと解される。
ロ　認定事実
　　請求人ら提出資料、原処分関係資料並びに当審判所の調査及び審理の結果によ
　れば、以下の事実が認められる。
　(イ)　本件税理士は、平成29年3月16日、請求人二男に対し、上記1(3)ニのとおり、
　　　生命保険金等が相続税の申告すべき財産である旨説明した上、本件被相続人に
　　　係る戸籍謄本、本件被相続人名義の預貯金口座の残高証明書及びその他の資料
　　　の提出を依頼した。
　(ロ)　請求人二男は、平成29年4月11日、上記(イ)の本件税理士の依頼に基づき、金
　　　融機関等から収集した資料を本件税理士に提出したが、当該資料の中に、本件
　　　共済金に係る資料は含まれていなかった。
　(ハ)　本件税理士は、上記(ロ)の提出を受け、本件相続税の総額を計算するに当たり、
　　　追加提出を依頼すべき資料等があるかを検討しておらず、請求人二男に対する
　　　具体的な確認等もしていなかった上、請求人二男も、平成29年4月11日以降に、
　　　本件税理士に本件共済金に係る資料を提出することはなかった。
　(ニ)　本件税理士は、請求人二男に対し、平成29年5月9日に、その作成した本件
　　　当初申告書の原案を示し、本件相続税の総額を説明し、同年12月7日に、本件
　　　当初申告書に押印を求めたが、これらの機会に、本件当初申告書に記載された
　　　個々の財産について具体的な説明をしたことはなかった。
　(ホ)　本件調査担当職員は、令和元年7月29日に、請求人二男に対し、本件共済金
　　　の申告漏れがある旨指摘したところ、請求人二男は、同日以降の本件調査の中
　　　で、当該指摘を争うことなく、これを認め、上記1(3)トのとおり当該指摘に基
　　　づく修正申告書を提出した。

ハ　請求人二男及び本件税理士の申述等

(イ)　令和元年7月29日付の質問応答記録書には、請求人二男の申述として、次の
　　記載がされているが、その他に本件相続税に係る資料の提出時や本件当初申告
　　書の作成時における本件共済金の具体的な確認状況等に関する記載はない。

　A　本件共済金の「証書がどこにあったか覚えていません。」と申述した。

　B　本件共済金の存在を本件税理士に伝えなかった理由について、「覚えてい
　　ません。」と申述した。

　C　「税理士とのくだりが不鮮明だが、確かに本件共済金について税理士に伝
　　えていない。また、借入れをして納付をすることを税理士に伝えはしました
　　が、その資金の内訳についてまでは伝えていません。」と申述した。

(ロ)　令和元年10月2日付の質問応答記録書には、請求人二男の申述として、次の
　　記載がされているが、その他に本件相続税に係る資料の提出時や本件当初申告
　　書の作成時における本件共済金の具体的な確認状況等に関する記載はない。

　A　上記1(3)ホの係争外死亡保険金の存在は本件税理士に伝えたにもかかわら
　　ず、本件共済金の存在は伝えなかった理由について、本件農協以外の普段か
　　ら取引をしていない銀行等に関しては「慎重に手続きをしなければと思って
　　いたからかもしれません。」と申述した。

　B　本件税理士から本件相続税の納付すべき税額をどのような形で説明を受け
　　たかについて、「試算表です。金額がかかれたもので、相続税申告書1表及
　　び2表の部分でした。11表などはありませんでした。明細をみても分かりま
　　せんでした。」と申述した。

　C　本件共済金の存在を本件税理士に伝えなかった理由について、「書類をも
　　らいましたが、本件共済金が計上されているかどうか内容がわからなかった
　　のかも知れません。」と申述した。

　D　本件相続の納付について、本件相続税の納付すべき税額のうち一部は本
　　件共済金で、残りは融資を受けるという話はしたと思う旨申述した。

　E　本件共済金の申告漏れについてうっかりとはいえないと一旦は申述したも
　　のの、「相続税について年内に終わらせたいという気持ち」と、本件共済金
　　は「納税の原資になるという意識にいってしまい」、「申告する際の財産につ
　　いての説明を受けている時に、資産に計上されているかどうかきちんと確認

する意識がなかった、というのが正直なところです。」と申述した。

(ハ) 令和元年10月16日付の調査報告書には、本件税理士の申述として、次の記載がされているが、その他に本件相続税に係る資料の提出時や本件当初申告書の作成時における本件共済金の具体的な確認状況等に関する記載はない。

A 「被相続人の財産に係る資料の提出を受け、『これで全部です』と言われた。今考えてみれば、残高証明書を請求した頃には本件共済金を受け取る手続きをしていたようなので、本件共済金の話があってもよかったはずだが、生命保険関係はM社の一つしかないという話だった。」と申述した。

B 本件相続税の納付について、納付すべき税額のうち一部は確保できており、残額を本件農協から借り入れるという話を聞いた際も、当該一部の納税資金が何かという話やそれが本件共済金であるという話は請求人二男から聞いていない旨申述した。

C 「提出された資料の中には本件共済金のものはなく、本件共済金があるとの話もなかった。」と申述した。

(ニ) 本件調査担当職員が、令和元年10月24日に、本件税理士に電話による連絡をしたところ、本件税理士から、請求人二男は生命保険関係を全て本件税理士に渡したと思っていたために申告漏れになったにすぎず、隠蔽の意図はなかった旨の申出があった。

(ホ) 請求人二男は、審査請求において、最終的には、上記3(1)の「請求人二男」欄のイのとおり主張し、それに沿った答述をするが、令和2年2月12日付の審査請求書及び同年4月24日付の「反論書の提出について」と題する書面では、「本件共済金が相続税申告の対象であることを承知し」、「本件共済金の資料についても含めて全部税理士に手渡したと思っていた」が、結果的に本件税理士に対して本件共済金に係る資料の提出が漏れてしまったにすぎない旨主張していた。

ニ 検討

(イ) 原処分庁は、上記3(1)の「原処分庁」欄のとおり、請求人二男が、本件共済金について本件相続税の申告すべき財産であることを十分認識していたにもかかわらず、本件共済金を除外する意図をもって本件税理士に対して殊更にその存在を秘匿し、本件調査においても、本件共済金の申告漏れが単なる失念にす

ぎないかのように申述等を変遷させたことなどを考慮すれば、本件共済金につき、過少に申告することを意図し、その意図を外部からもうかがい得る特段の行動をした上で、その意図に基づく過少申告をしたと認められるから、請求人二男の行為は通則法第68条第1項に規定する重加算税の賦課要件を満たす旨主張するので、以下、検討する。

(ロ) まず、請求人二男が本件当初申告書の提出時において、本件共済金について本件相続税の申告すべき財産であることを認識していたと認められるか否かを検討すると、請求人二男は、上記1(3)ニのとおり、本件税理士から生命保険金等が相続税の申告すべき財産である旨説明を受けていた上、係争外死亡保険金については上記1(3)ホのとおり申告しており、本件共済金についてのみ本件相続税の申告すべき財産ではないと誤解する理由もうかがわれないことからすれば、本件共済金も本件相続税の申告すべき財産であることを認識していたと推認するのが合理的である。また、請求人二男は、上記ハ(ホ)のとおり、審査請求においても、当初は、当該認識があることを前提にして主張していたのであって、上記3(1)の「請求人二男」欄のイのとおりの本件相続税の申告すべき財産ではないと誤解していた旨の主張及び答述は、合理的な理由もなく変遷したものにすぎず、その他に当審判所に提出された証拠資料等を精査しても、請求人二男が当該誤解をしていたことをうかがわせる事情は存在しない。

したがって、本件当初申告書の提出時において、請求人二男が本件共済金について本件相続税の申告すべき財産であることを認識していたことは認められる。

(ハ) 次に、請求人二男が本件税理士に対して殊更に本件共済金の存在を秘匿したと認められるか否かについて検討する。

確かに、請求人二男は、上記(ロ)のとおり、本件税理士から説明を受けるなどして、本件共済金について本件相続税の申告すべき財産であることを認識していたが、上記ロ(ロ)のとおり、本件税理士に対して提出した本件相続税に係る資料の中に本件共済金に係る資料が含まれておらず、上記1(3)ホのとおり、本件共済金が記載されていない本件当初申告書を提出したことが認められる。

しかしながら、原処分庁の提出した証拠資料等をみても、上記ハ(イ)から(ニ)までのとおり、本件相続税に係る資料の提出時や本件当初申告書の作成時に、本

件税理士が請求人二男に対して具体的にどのような確認等をしたのかが明らかでないし、むしろ当審判所の調査によれば、上記ロ(ハ)及び(ニ)のとおり、本件税理士は追加提出を依頼すべき資料等があるかを検討しておらず、請求人二男に対する具体的な確認等もしていなかった上、本件当初申告書の作成に当たっても、その内容を具体的に説明しなかったことが認められる。そのため、請求人二男が本件税理士に対して提出した本件相続税に係る資料の中に本件共済金に係る資料が含まれておらず、本件当初申告書に本件共済金が記載されていなかったとしても、請求人二男がそのことを具体的に認識していたとまでは認められないし、その他に当審判所に提出された証拠資料等を精査しても、請求人二男が本件税理士に対して殊更に本件共済金の存在を秘匿したと裏付けるに足りる事情は存在しない。

　したがって、請求人二男が本件税理士に対して殊更に本件共済金の存在を秘匿したとまでは認められない。

　これに対し、原処分庁は、上記3(1)の「原処分庁」欄のロのとおり、請求人二男が本件税理士に対し「生命保険金は1つしかない。」と説明した上、本件当初申告書の作成に当たっても、本件税理士から申告する財産について説明を受けた旨などを主張するところ、確かに、令和元年10月16日付の調査報告書には、本件税理士の申述として、上記ハ(ハ)Aの記載があるが、当該記載をみても、請求人二男が明示的に「生命保険関係はM社の1つしかない。」と発言したのか、それとも、本件相続税に係る資料の提出状況からすれば生命保険金は上記1(3)ホの係争外死亡保険金しかないとのことだったというにすぎないのかが明らかでないし、その他に当審判所に提出された証拠資料等を精査しても、請求人二男が本件相続税の申告すべき財産として「生命保険金は1つしかない。」と説明したことを裏付けるに足りる事情は存在しない。また、本件税理士から請求人二男に対して具体的な確認等がされていないことは、上記のとおりであるし、その他に原処分庁の主張する点をもって、当審判所の上記認定が左右されることもない。

(ニ)　さらに、原処分庁は、本件調査において、請求人二男が本件共済金の申告漏れが単なる失念にすぎないかのように申述等を変遷させた旨主張するが、上記ハ(イ)、(ロ)及び(ニ)によれば、当初は、請求人二男の記憶が曖昧であったが、その

後に本件調査を受けるなどする中で、記憶が喚起されていったことがうかがえる上、当審判所の調査によっても、請求人二男が虚偽の申述等をしたなどと評価すべき事情は認められない。

(ホ) その他に当審判所に提出された証拠資料等を精査しても、請求人二男が当初から過少に申告することを意図し、その意図を外部からもうかがい得る特段の行動をしたとうかがわせる事情は存在せず、むしろ、上記ロ(ホ)のとおり、請求人二男が本件調査担当職員から本件共済金の申告漏れを指摘された後、遅滞なくそれに応じて上記1(3)トの修正申告書を提出していたことが認められる。

(ヘ) 以上によれば、請求人二男が当初から過少に申告することを意図し、その意図を外部からもうかがい得る特段の行動をした上、その意図に基づく過少申告をしたような場合に該当するとまでは認められないから、請求人二男の行為は通則法第68条第1項に規定する重加算税の賦課要件を満たすとはいえず、これに反する原処分庁の主張は理由がない。

(2) 争点2（相続税法第19条の2第1項に規定する配偶者に対する相続税額の軽減について、同条第5項の規定が適用されるか否か。）について

イ 法令解釈

相続税法第19条の2第5項は、別紙3の3のとおり規定しているところ、当該規定は、適正な申告を確保し、課税の公平を図るため、納税義務者が過少申告をするについて隠蔽仮装行為による金額までもが配偶者の税額軽減措置の適用を受けるのは不合理であるとの趣旨から設けられたものと解される。

このような趣旨からすると、当初から過少に申告することを意図し、その意図を外部からもうかがい得る特段の行動をした上、その意図に基づく過少申告をしたような場合には、相続税法第19条の2第5項に規定する適用要件が満たされるものと解される。

ロ 検討

上記(1)のとおり、請求人二男が当初から過少に申告することを意図し、その意図を外部からもうかがい得る特段の行動をした上、その意図に基づく過少申告をしたような場合に該当するとは認められないから、相続税法第19条の2第1項に規定する配偶者に対する相続税額の軽減について、同条第5項の規定は適用されない。

(3) 上記1(3)チの重加算税の賦課決定処分の適法性について

　　上記(1)のとおり、請求人二男の行為は通則法第68条第1項に規定する重加算税の賦課要件を満たしていない。もっとも、請求人二男は通則法第65条第1項に規定する過少申告加算税の賦課要件を満たしている上、本件共済金が上記1(3)トの修正申告前の税額の計算の基礎とされていなかったことについて、通則法第65条第4項第1号に規定する正当な理由があるとは認められない。そして、標記の賦課決定処分のその他の部分については、請求人二男は争わず、当審判所に提出された証拠資料等によっても、これを不相当とする理由は認められない。

　　したがって、標記の賦課決定処分は、過少申告加算税相当額を超える部分の金額が違法であり、その一部を別紙2「取消額等計算書」のとおり取り消すのが相当である。

(4) 上記1(3)チの更正処分及び過少申告加算税の賦課決定処分の適法性について

　　上記(2)のとおり、相続税法第19条の2第1項に規定する配偶者に対する相続税額の軽減について、同条第5項の規定は適用されず、当審判所において請求人妻の納付すべき税額を計算すると、上記1(3)トの修正申告における金額と同額となるから、標記の更正処分は違法であり、その全部を取り消すべきであるし、標記の賦課決定処分についても、その全部を取り消すべきである。

(5) 結論

　　よって、審査請求は理由がある。

別表　審査請求に至る経緯（省略）

別紙 1　共同審査請求人（省略）

別紙 2　取消額等計算書（省略）

別紙3

関係法令の要旨

1 国税通則法（以下「通則法」という。）第68条《重加算税》第1項は、同法第65条
《過少申告加算税》第1項の規定に該当する場合において、納税者がその国税の課税
標準等又は税額等の計算の基礎となるべき事実の全部又は一部を隠蔽し、又は仮装し、
その隠蔽し、又は仮装したところに基づき納税申告書を提出していたときは、当該納
税者に対し、政令で定めるところにより、過少申告加算税の額の計算の基礎となるべ
き税額（その税額の計算の基礎となるべき事実で隠蔽し、又は仮装されていないもの
に基づくことが明らかであるものがあるときは、当該隠蔽し、又は仮装されていない
事実に基づく税額として計算した金額を控除した税額）に係る過少申告加算税に代え、
当該基礎となるべき税額に100分の35の割合を乗じて計算した金額に相当する重加算
税を課する旨規定している。

2 相続税法第19条の2第1項は、被相続人の配偶者が当該被相続人からの相続又は遺
贈により財産を取得した場合には、当該配偶者については、同項第1号に掲げる金額
（下記(1)の金額のこと。以下同じ。）から同項第2号に掲げる金額（下記(2)の金額のこ
と。以下同じ。）を控除した残額があるときは、当該残額をもってその納付すべき相
続税額とし、同項第1号に掲げる金額が同項第2号に掲げる金額以下であるときは、
その納付すべき相続税額はないものとする旨規定している。

(1) 当該配偶者につき相続税法第15条《遺産に係る基礎控除》から同法第17条《各相
続人等の相続税額》まで及び同法第19条《相続開始前3年以内に贈与があった場合
の相続税額》の規定により算出した金額

(2) 当該相続又は遺贈により財産を取得した全ての者に係る相続税の総額に、次に掲
げる金額のうちいずれか少ない金額が当該相続又は遺贈により財産を取得した全て
の者に係る相続税の課税価格の合計額のうちに占める割合を乗じて算出した金額

イ 当該相続又は遺贈により財産を取得した全ての者に係る相続税の課税価格の合
計額に民法第900条《法定相続分》の規定による当該配偶者の相続分を乗じて算
出した金額に相当する金額（当該金額が1億6千万円に満たない場合には、1億
6千万円）

ロ　当該相続又は遺贈により財産を取得した配偶者に係る相続税の課税価格に相当
　　　する金額

3　相続税法第19条の2第5項は、同条第1項の相続又は遺贈により財産を取得した者
　が、隠蔽仮装行為に基づき、同法第27条《相続税の申告書》の規定による申告書を提
　出しており、又はこれを提出していなかった場合において、当該相続又は遺贈に係る
　相続税についての調査があったことにより当該相続税について更正又は決定があるべ
　きことを予知して期限後申告書又は修正申告書を提出するときは、当該期限後申告書
　又は修正申告書に係る相続税額に係る同法第19条の2第1項の規定の適用については、
　同項第2号中「相続税の総額」とあるのは「相続税の総額で当該相続に係る被相続人
　の配偶者が行った同条第6項に規定する隠蔽仮装行為による事実に基づく金額に相当
　する金額を当該財産を取得した全ての者に係る相続税の課税価格に含まないものとし
　て計算したもの」と、「課税価格の合計額のうち」とあるのは「課税価格の合計額か
　ら当該相当する金額を控除した残額のうち」と、同条第1項第2号イ中「課税価格の
　合計額」とあるのは「課税価格の合計額から同法第19条の2第6項に規定する隠蔽仮
　装行為による事実に基づく金額に相当する金額（当該配偶者に係る相続税の課税価格
　に算入すべきものに限る。）を控除した残額」と、同条第1項第2号ロ中「課税価格」
　とあるのは「課税価格から同法第19条の2第6項に規定する隠蔽仮装行為による事実
　に基づく金額に相当する金額（当該配偶者に係る相続税の課税価格に算入すべきもの
　に限る。）を控除した残額」とする旨規定している。

4　相続税法第19条の2第6項は、同条第5項の「隠蔽仮装行為」とは、相続又は遺贈
　により財産を取得した者が行う行為で当該財産を取得した者に係る相続税の課税価格
　の計算の基礎となるべき事実の全部又は一部を隠蔽し、又は仮装することをいう旨規
　定している。

事例4 （重加算税　隠ぺい、仮装の認定　認めなかった事例）

当初から相続財産を過少に申告することを意図し、その意図を外部からもうかがい
得る特段の行動があったものと認めることはできないとして、**重加算税の賦課決定処
分を取り消した事例**（平成29年12月相続開始に係る相続税の重加算税の賦課決定処
分・一部取消し・令和3年3月1日裁決）

《ポイント》

本事例は、請求人が、みなし相続財産である死亡保険金の申告漏れに関し、その存
在を一旦は認識していたものの、申告までの間に失念等した可能性を直ちには否定で
きず、また、請求人が、当初から当該死亡保険金をあえて申告から除外することを意
図し、その意図を外部からもうかがい得る特段の行動をしたともいえないことから、
国税通則法第68条《重加算税》第1項に規定する重加算税の賦課要件は充足しないと
したものである。

《要旨》

原処分庁は、申告漏れとなっていた死亡保険金（本件死亡保険金）について、請求人
が、自身でその支払請求手続を行ったこと、原処分庁の調査担当職員に本件死亡保険金
の存在を伝えなかったことなどから、本件死亡保険金の存在を認識しつつ、それをあえ
て申告していないから、過少に申告する意図を有していたといえ、また、本件死亡保険
金の存在を関与税理士等に説明せず、関係資料の提示もしなかった行為は、本件死亡保
険金を相続税の申告財産から除外するという過少申告の意図を外部からもうかがい得る
特段の行動に該当するものとして、重加算税の賦課要件を充足する旨主張する。

しかしながら、請求人が当初は生命保険契約に係る申告すべき保険金は同じ保険会社
の別件の申告済の保険金（本件申告済保険金）のみであると誤認していたことに加えて、
本件申告済保険金及び本件死亡保険金の請求手続は、請求人が仕事で多忙な中でその合
間に行われたものであることなどからすると、請求人が、本件死亡保険金について、そ
の存在及び申告が必要な相続財産であることを一旦認識したものの、相続税の申告まで
の間に、本件死亡保険金の存在とこれについても申告が必要であることを失念ないし誤
認した可能性を直ちに否定することはできない。さらに、関与税理士等とのやりとりの

経過等を見ても、請求人が当初から本件死亡保険金をあえて申告しないことを意図し、その意図を外部からもうかがい得る特段の行動をしたともいえないため、重加算税の賦課要件は充足しない。

《参照条文等》

国税通則法第68条第1項

《参考判決・裁決》

最高裁平成7年4月28日第二小法廷判決（民集49巻4号1193頁）

（令和3年3月1日裁決）

《裁決書（抄）》

1　事　実

(1)　事案の概要

　　本件は、審査請求人（以下「請求人」という。）が、原処分庁所属の調査担当職員による調査を受けて相続税の修正申告をしたところ、原処分庁が、請求人が被相続人の死亡により受領した生命保険金2口のうち1口を課税価格に含めずに申告したことは隠蔽又は仮装に当たるとして重加算税の賦課決定処分をしたのに対し、請求人が、隠蔽又は仮装の事実はないとして、当該処分の一部の取消しを求めた事案である。

(2)　関係法令

　　国税通則法（以下「通則法」という。）第68条《重加算税》第1項は、通則法第65条《過少申告加算税》第1項の規定に該当する場合において、納税者がその国税の課税標準等又は税額等の計算の基礎となるべき事実の全部又は一部を隠蔽し、又は仮装し、その隠蔽し、又は仮装したところに基づき納税申告書を提出していたときは、当該納税者に対し、政令で定めるところにより、過少申告加算税の額の計算の基礎となるべき税額に係る過少申告加算税に代え、当該基礎となるべき税額に100分の35の割合を乗じて計算した金額に相当する重加算税を課する旨規定している。

(3)　基礎事実及び審査請求に至る経緯

　　当審判所の調査及び審理の結果によれば、以下の事実が認められる。

　イ　F（以下「本件被相続人」という。）は、生前、G社との間で、別表1のとおり、自らを契約者及び被保険者とし、本件被相続人の長男である請求人及び同二男であるHを受取人（各2分の1）とする2口の生命保険契約を締結していた（以下、別表1の順号1の保険契約に係る保険金を「本件申告済保険金」といい、同順号2の保険契約に係る保険金を「本件死亡保険金」といい、本件申告済保険金及び本件死亡保険金を併せて「本件各保険金」という。）。

　ロ　本件被相続人は、平成29年12月○日に死亡し、同日、その相続（以下「本件相続」といい、本件相続に係る相続税を「本件相続税」という。）が開始した。本件相続に係る共同相続人は、請求人及びHの2名である。

ハ　請求人は、大学教授として勤務する者である。

ニ　請求人及びHは、平成30年1月22日、G社に対し、本件申告済保険金について、請求人が署名した「死亡保険金請求書」及び両名が署名した「代表受取人による保険金等の請求に関する同意書」を提出して、その請求手続を行ったところ、本件申告済保険金（15,436,988円）は、同月29日、請求人名義のJ銀行○○支店の普通預金口座（口座番号○○○○。以下「本件預金口座」という。）に振り込まれた。

　　なお、本件預金口座は、請求人が固定資産税や公共料金等の支払に利用していた生活用の預金口座である。

ホ　請求人及びHは、平成30年3月30日、G社に対して、請求人が「死亡保険（給付）金請求書」に、Hが「代表受取人による死亡保険（給付）金請求に関する同意書」に、それぞれ署名した上で、本件死亡保険金に係る請求手続を行ったところ、本件死亡保険金（10,019,500円）は、同年4月4日、本件預金口座に振り込まれた。

ヘ　請求人及びHは、本件相続に係る遺産分割協議を成立させ、平成30年10月6日付で遺産分割協議書（以下「本件遺産分割協議書」という。）を作成した。本件遺産分割協議書には、生命保険金等として15,436,988円（本件申告済保険金に相当する金額）のみが記載されていた。

ト　請求人は、平成30年10月10日、Hと共同で、別表2の「当初申告」欄のとおり記載した相続税の申告書（以下「本件申告書」という。）を原処分庁へ提出した（本件申告書の提出による申告を、以下「本件申告」という。）。本件申告書の第9表「生命保険金などの明細書」欄には、本件申告済保険金に係る受取年月日及び受取金額等の内容のみが記載されていた。

チ　請求人は、令和元年12月20日、原処分庁所属の調査担当職員（以下「本件調査担当職員」という。）による本件相続税に係る一連の調査（以下「本件調査」という。）に基づき、本件死亡保険金を含む課税財産の申告漏れがあったなどとして、Hと共同で、別表2の「修正申告」欄のとおり記載した本件相続税に係る修正申告書を原処分庁へ提出した（当該申告書の提出による申告を、以下「本件修正申告」という。）。

リ　原処分庁は、令和2年1月28日付で、請求人に対し、別表2の「賦課決定処

分」欄のとおり、過少申告加算税の額を○○○○円とし、また、請求人が本件死亡保険金について本件相続税の課税財産であると知りながらこれを隠蔽したとして、重加算税の額を○○○○円とする加算税の賦課決定処分（以下「本件賦課決定処分」という。）をした。

ヌ　請求人は、令和2年3月3日、本件賦課決定処分のうち過少申告加算税相当額を超える部分を不服として審査請求をした。

2　争　点

　請求人に、通則法第68条第1項に規定する「隠蔽し、又は仮装し」に該当する事実があったか否か。

3　争点についての主張

原処分庁	請求人
請求人の行為は、次のとおり、通則法第68条第1項に規定する「隠蔽し、又は仮装し」に該当する。	請求人には、次のとおり、通則法第68条第1項に規定する「隠蔽し、又は仮装し」に該当する事実はない。
(1)　請求人は、①G社の担当者から本件申告済保険金のほかに本件死亡保険金があるとの説明を受け、また、②自身で本件死亡保険金の支払請求手続を行い、さらに、③その支払通知書のデータをスキャンしてパソコンに保存している。加えて、④請求人の妻が、本件相続税の申告に係る相続財産の一覧表を作成するに当たり、ほかの入金とは桁違いに多額の入金である本件死亡保険金の振込みの記載のある通帳を確認し、当該記載部分に手書きで丸囲みを書き加えて本件死亡保険金の入金事実を認識しているところ、夫である請求人もその事実を認識していたはずであることも踏まえると、請求人が	(1)　請求人は、現役の大学教授であり、多忙な中、膨大な情報を整理する手段として日頃から仕事や個人的な情報のデータをパソコンに保存していたところ、本件死亡保険金の支払通知書のデータについてもパソコンに保存はしたものの、本件死亡保険金の存在については記憶から抜け落ちていた。また、請求人は、本件死亡保険金の請求手続を行ってはいるが、これも、多忙な仕事の傍らで行っていたものであり、重要性を認識せず、その存在を失念してしまい、G社の死亡保険金は本件申告済保険金の1口のみであると誤認した。このため、請求人は、本件相続税の申告のために作成された相続財産

本件申告済保険金のほかに本件死亡保険金も本件相続税の課税財産として申告する必要があることを認識していたといえる。

　請求人は、申告すべき死亡保険金が1口のみであると誤認した旨主張するが、当該主張は、上記①ないし④の事実に加え、⑤G社の担当者から本件申告済保険金とは別の生命保険があると聞いて、その日のうちに保険金請求手続についての問合せをしていること及び⑥請求人が受け取った死亡保険金が2口のみであり、本件死亡保険金の金額が本件被相続人の財産の価額からみて多額であることからすると、請求人が主張するような誤認があったとは認められない。

(2)　請求人は、上記のとおり死亡保険金が2口あると認識していたにもかかわらず、本件死亡保険金をあえて申告していないから、過少申告の意図が認められるところ、さらに、本件申告書提出後の調査において、本件死亡保険金の支払通知書等を提示されるまで本件調査担当職員に本件死亡保険金の存在を伝えず、また、自身がその支払請求手続を行ったことを繰り返し否定していたことからしても、当初から財産を過少に申告する意図を有していたといえる。

(3)　請求人は、①本件申告書の作成を依頼

の一覧表や本件遺産分割協議書の内容が正しいものと認識していた。

　なお、本件死亡保険金の金額の多寡は、請求人に隠蔽又は仮装と評価すべき事実が存在したか否かとは無関係である。

(2)　請求人は、本件死亡保険金の存在を誤認又は失念したからこそ、税理士に対し、本件死亡保険金について資料の交付も口頭説明もしなかったのであって、故意に本件死亡保険金の存在を伝えなかったのではない。また、請求人は、本件申告書に本件申告済保険金の記載があったので、上記の誤認等により、全ての課税財産が記載された正当な申告がされたと認識していた。

(3)　請求人に本件死亡保険金の存在を隠匿する意思があったのであれば、本件調査担当職員へ説明するために準備していた本件相続税の関係資料の入った段ボール箱から本件死亡保険金の支払通知書を除外して、隠匿したはずであるが、当該通知書は、本件調査において、本件調査担当職員から本件死亡保険金の関係書類の提示を求められ、ほかの質問事項を検討中であった請求人と妻に代わり、本件調査に立ち会った税理士が上記段ボール箱を開いて捜したところ、ほんの数十秒で発見された。

した税理士法人に対して本件申告書の作成に必要な書類を交付した際に、本件死亡保険金に係る資料を交付せず、また、②遅くともG社の担当者から本件死亡保険金の存在を知らされた平成30年1月22日にはその存在を把握しており、同日から本件申告書の提出日までの間、幾度となく税理士に対し説明する機会があったにもかかわらず説明をせず、さらに、③本件被相続人の財産の取りまとめをしていたHとの間で平成30年6月1日及び同年9月22日に本件相続税の申告手続に係る打合せを行った際にも、Hに本件死亡保険金の存在を伝えず、関係資料の提示もしなかった。かかる一連の行為は、本件各保険金のうち本件死亡保険金のみを本件相続税の申告財産から除外するという請求人の過少申告の意図を外部からもうかがい得る特段の行動に当たる。

(4) 上記(1)ないし(3)のとおり、請求人のした過少申告は誤認によるものであり、当初から財産を過少に申告することを意図したものではなく、その意図を外部からもうかがい得る特段の行動もない。

4 当審判所の判断

(1) 法令解釈

通則法第68条第1項に規定する重加算税の制度は、納税者が過少申告をするについて隠蔽、仮装という不正手段を用いていた場合に、過少申告加算税よりも重い行政上の制裁を科すことによって、悪質な納税義務違反の発生を防止し、もって申告納税制度による適正な徴税の実現を確保しようとするものである。

したがって、重加算税を課すためには、納税者のした過少申告行為そのものとは別に、隠蔽、仮装と評価すべき行為が存在し、これに合わせた過少申告がされたことを要するものであるが、上記の重加算税制度の趣旨に鑑みれば、架空名義の利用や資料の隠匿等の積極的な行為が存在したことまで必要であると解するのは相当で

なく、納税者が、当初から財産を過少に申告することを意図し、その意図を外部からもうかがい得る特段の行動をした上、その意図に基づく過少申告をしたような場合には、上記重加算税の賦課要件が満たされると解するのが相当である（最高裁平成7年4月28日第二小法廷判決・民集49巻4号1193頁参照）。

(2) 認定事実

　　請求人提出資料、原処分関係資料並びに当審判所の調査及び審理の結果によれば、以下の事実が認められる。

イ　請求人は、平成29年12月○日（本件相続の開始日）、税理士法人L（以下「本件税理士法人」という。）の事務員をしている知人（教え子）のM（以下「本件事務員」という。）に対し、本件被相続人が死亡した旨の連絡をし、本件税理士法人に本件申告書の作成を依頼したい旨伝えた。

ロ　請求人、H及び請求人の妻であるNは、本件事務員とともに、平成29年12月14日、請求人の勤務先の研究室において本件相続に関する打合せを行い、本件事務員から、現金、預金、不動産、有価証券等のほか、生命保険金、生命保険契約に関する権利等のみなし相続財産も相続税の課税対象となる旨の説明を受けた。

　　請求人は、その際、本件申告済保険金に係る保険契約についてはG社から本件被相続人宛に送付されたお知らせ（はがき）によりその存在を把握していたが、本件死亡保険金に係る保険契約の存在は認識していなかったことから、本件事務員に対し、みなし相続財産については、G社の生命保険金（本件申告済保険金）及びP社の積立年金の合計2口があるが、その他にはない旨の説明をした。

　　本件事務員は、請求人及びHに対し、本件相続税の申告手続に必要となる書類の入手を依頼した。

ハ　請求人は、平成30年1月ないし3月にかけて、現役の大学教授として、学年末試験とその採点、大学入試業務、海外出張、複数の国内学会への参加等をしていた。

ニ　請求人及びHは、平成30年1月22日、請求人の勤務先の研究室において、G社の従業員のR（以下「本件保険担当者」という。）から、本件申告済保険金の請求手続の案内を受けた。

　　その際、本件保険担当者は、請求人及びHに対し、本件申告済保険金に係る生命保険契約のほかにも銀行の窓口で販売された商品の契約（本件死亡保険金に係

る生命保険契約）があることが判明したが、本件保険担当者において詳細が確認できないため、同人らにおいて内容を確認してほしい旨を伝えた。

Hは、本件保険担当者が帰った後、上記研究室において、G社のコールセンターに電話で確認をして請求人及びHを保険金受取人とする本件死亡保険金に係る生命保険契約の存在を把握し、当該コールセンターの担当者に本件被相続人が亡くなった旨及び請求人宛に保険金の請求書を送ってほしい旨を伝えた。請求人は、Hと電話を代わり、当該コールセンターの担当者から、本件死亡保険金の請求に係る具体的な手続について案内を受けた。

G社は、平成30年1月23日、本件死亡保険金の請求書類を請求人宛に送付した。

ホ　G社は、平成30年1月26日付で、請求人に対し、封書により、本件申告済保険金を同月29日に本件預金口座に振り込む予定である旨を通知し、同日、本件申告済保険金（15,436,988円）が本件預金口座に振り込まれた。

請求人は、平成30年1月30日、Hに対し、本件申告済保険金が本件預金口座に振り込まれた旨を電子メールにより連絡し、これに対し、Hは、同月31日、了解した旨を電子メールにより返信した。

ヘ　G社は、本件死亡保険金についての請求手続がされていないことから、平成30年3月20日付で、請求人宛に、本件死亡保険金について早期の請求手続を促す内容の「死亡保険金のご請求について」と題する文書を封書により送付した。

これを受けて、請求人は、平成30年3月30日、Hとともに本件被相続人が契約していたS信用金庫○○支店の貸金庫の内容を確認するために同支店を訪れた際、Hに本件死亡保険金の「代表受取人による死亡保険（給付）金請求に関する同意書」を交付して、当該同意書に署名を受け、自身も本件死亡保険金の請求書に署名した。

なお、これらの書面のいずれにも、本件死亡保険金の金額の記載はなかった。

ト　G社は、平成30年4月3日付で、請求人に対し、「Gからのお知らせ」と題する本件死亡保険金の支払の明細が記載された圧着はがきの通知書（以下「本件通知書」という。）により、同月4日に本件死亡保険金として10,019,500円を支払う予定である旨を通知した。

本件死亡保険金は、平成30年4月4日、本件預金口座に振り込まれた（上記1の(3)のホ参照）。

なお、本件死亡保険金の振込みについて、請求人からHに対し、振込みがされた旨の連絡はされていない。

チ　請求人は、仕事上の情報や個人的な情報を後に検索可能な状態に整理する手段として、当該各情報に係る資料のパソコンへの保存及び保存済資料への「入力済」のスタンプの押印を習慣として行っていたところ、平成30年4月9日、本件通知書についても、その圧着はがきの圧着面を開いた上でスキャナーで読み込み、そのデータを自身のパソコンに保存するとともに、本件通知書に「入力済」のスタンプを押した。

リ　請求人、H、請求人の妻及び本件事務員は、平成30年6月1日、請求人の勤務先の研究室において本件申告に関する打合せを行い、本件事務員は、その場で本件相続に係る相続財産等に関係する資料を預かった。当該資料の中に、本件申告済保険金に係る通知書（上記ホ参照）及びP社から送付された積立年金に係る通知書は含まれていたが、本件死亡保険金に係る資料（本件通知書等）は含まれていなかった。

ヌ　請求人、H、請求人の妻及び本件事務員は、平成30年9月22日、請求人の勤務先の研究室において本件相続税の申告に関する打合せを行い、本件事務員は、同日までに揃った相続財産に関係する資料を預かったが、その中に本件死亡保険金に係る資料は含まれていなかった。また、本件事務員は、同日、Hから、相続財産の一覧表として作成された表が添付された電子メールを受信した。当該一覧表は、被相続人の相続財産のうち、不動産に関する項目をHが、その他の財産に関する項目を請求人の妻が、詳細な金額等を本件事務員が分担して入力し、相互にやり取りをしながら作成したものである。当該一覧表にも、本件申告済保険金及びP社の積立年金の記載はされていたが、本件死亡保険金の記載はされていなかった。

ル　本件事務員は、平成30年10月3日、Hからの電子メールにより、請求人との間で遺産分割協議が調った旨の連絡を受け、当該メールに添付されていた更新後の相続財産の一覧表及びこれまでに預かった相続財産に関する資料等に基づき、本件申告書及び本件遺産分割協議書を作成し、平成30年10月4日、本件申告書について本件税理士法人に所属するT税理士（以下「本件税理士」という。）の最終確認を得た。

本件税理士及び本件事務員は、本件被相続人が契約していた生命保険契約に係る保険金について、請求人又はHに対し、特に本件申告済保険金及びP社の積立年金以外のものがないかどうかなどの確認をしていない。

ヲ　請求人及びHは、平成30年10月6日、請求人の勤務先の研究室において、本件事務員が持参した本件遺産分割協議書に署名及び押印するとともに、本件申告書に押印した。

ワ　本件調査担当職員は、令和元年11月7日、本件調査のため、請求人の自宅に臨場した。本件調査は、本件税理士の立会いの下、請求人の協力を得て行われ、本件調査担当職員は、同日、臨場先において、本件預金口座に係る預金通帳（以下「本件通帳」という。）を把握するとともに、本件相続税の申告に関係する資料が入った段ボール箱の中から、本件通知書を把握した。

(3)　検討

イ　基礎事実及び認定事実によれば、請求人は、本件申告済保険金の支払請求手続の際に本件保険担当者から受けた指摘を契機として、本件申告済保険金に係る生命保険契約とは別に、本件死亡保険金に係る生命保険契約の存在を知ったのであるから（上記(2)のニ）、その時点で、本件死亡保険金の存在を認識したといえ、また、本件事務員から生命保険金も相続税の申告対象となる説明を受け、本件申告済保険金については本件相続税の申告対象に含めていることからすれば（上記(2)のロ、1の(3)のト）、上記のとおり存在を把握した本件死亡保険金が、相続財産として申告が必要なものであることを認識したものと認められる。

ロ　もっとも、請求人は、上記3の請求人欄の(1)記載のとおり、多忙な中で本件死亡保険金の存在について記憶から抜け落ちていた旨主張するところ、上記のとおり、①請求人及びHは、本件被相続人の死亡後、本件保険担当者からの指摘を受けるまでは、本件死亡保険金に係る生命保険契約が締結されていた事実すら知らず、当初はG社の生命保険契約に係る申告すべき保険金は本件申告済保険金のみであると誤認していたこと（上記(2)のロ）に加えて、②本件各保険金の支払請求手続をした時期は、請求人が学年末試験や入試業務への対応、海外出張及び複数の国内学会への参加をしていた時期と重なっており、G社から送付された本件死亡保険金の請求書類を請求人が約2か月間そのまま放置していることからしても（上記(2)のハ、ニ及びヘ）、本件各保険金の請求手続は、請求人が仕事で多忙な中

でその合間に行われたものといえること、また、③その後、Ｇ社から促されて請求人が本件死亡保険金の支払請求書を送付したことにより、Ｇ社から本件死亡保険金が本件預金口座に振り込まれているが、本件申告済保険金の振込みの場合と異なり、その旨をＨに連絡しておらず、本件通帳の残高の確認を請求人自身がしていない可能性がある上、その通知が、本件申告済保険金については封書でされたのに対し、本件死亡保険金については圧着はがきによりされており（上記(2)のヘ及びト）、本件申告済保険金と異なってやや簡易な方法で通知がされていることも考慮すると、本件死亡保険金の存在について、請求人が主張するような誤認や失念が生じた可能性がないとはいえない。さらに、④請求人は本件通知書のデータをパソコンに保存しているものの、この作業は仕事上又は個人的な情報について日常的に行っていたものであり（上記(2)のチ）、本件通知書のみ特別に行ったものではないことからすると、本件通知書のデータを保存した事実をもって、直ちに請求人が本件通知書の内容を十分に確認した上で本件申告済保険金とは別に申告が必要な保険金があるとの正しい認識を持ち続けていたはずだと断定することもできない。そうすると、請求人が、上記のように本件死亡保険金について、その存在及び申告が必要な相続財産であることを一旦認識したものの、本件申告までの間に、本件死亡保険金の存在とこれについても申告が必要であることを誤認又は失念した可能性を直ちに否定することはできないというべきである。

ハ　さらに、上記(2)のリないしルのとおり、本件事務員や本件税理士とのやり取りの経過を見ても、請求人と本件事務員との間において、本件申告済保険金以外の生命保険金の有無が殊更に問題とされていたような事情は認められず、また、本件通帳及び本件通知書は、その後も破棄されることなく請求人によって保管され、本件調査における実地調査の初日に、これらの資料が特段の支障なく本件調査担当職員に提示された事実に照らしても（上記(2)のワ）、請求人が当初から本件死亡保険金をあえて申告しないことを意図し、その意図を外部からもうかがい得る特段の行動をしたともいえない。

ニ　以上のとおり、本件死亡保険金の申告漏れに関し、請求人が当初から本件相続税の課税財産を過少に申告することを意図し、その意図を外部からもうかがい得る特段の行動をしたということはできず、また、当審判所の調査によっても、その他、請求人に隠蔽又は仮装と評価すべき行為があったとは認められない。

したがって、請求人に、通則法第68条第1項に規定する「隠蔽し、又は仮装し」に該当する事実があったとは認められない。

(4) 原処分庁の主張について

原処分庁は、上記3の「原処分庁」欄の(3)のとおり、本件死亡保険金に関して、請求人が本件相続税の申告に当たり本件税理士法人若しくは本件税理士又はHに対し秘匿行為を行ったことからすると、請求人は、当初から本件相続税の課税財産を過少に申告することを意図し、その意図を外部からもうかがい得る特段の行動をしたと認められる旨主張するが、請求人がそもそも本件税理士等とのやり取りの際に、本件死亡保険金が存在しこれについて申告が必要であることを正しく認識していなかった可能性を否定できず、また、その後の行為からしても、当初から本件相続税の課税財産を過少に申告することを意図して上記特段の行動をしたと認めることができないことは、上記(3)のとおりであるから、原処分庁の主張には理由がない。

また、原処分庁は、上記3の「原処分庁」欄の(1)のとおり、請求人の妻が本件死亡保険金の振込みの記載のある本件通帳を確認し、当該記載部分に手書きで丸囲みを書き加えていることから、夫である請求人も、この入金事実を認識していたはずであると主張するが、妻の認識内容を請求人も認識したものと直ちに認めることはできない上、請求人の妻が、本件通帳の本件申告済保険金の振込部分には丸囲みをしていないことから、上記丸囲みの記載は、本件申告済保険金の入金と誤認してされた可能性も否定できず、いずれにしても原処分庁の主張には理由がない。

さらに、原処分庁は、上記3の「原処分庁」欄の(2)のとおり、請求人が、本件調査において、本件通知書等を提示されるまで本件調査担当職員に本件死亡保険金の存在を伝えず、本件死亡保険金の支払請求をした事実も否定していたとして、これらを当初から過少申告の意図を有していたことの根拠として主張する。しかしながら、請求人が、本件死亡保険金が存在しこれについて申告が必要であることを正しく認識していなかった可能性を否定できないことは上記のとおりであるところ、その誤った認識を前提とすれば、原処分庁が指摘する請求人の言動はこれと整合するものであるから、これをもって過少申告の意図を有していたとはいえない。

したがって、原処分庁の主張には理由がない。

(5) 本件賦課決定処分の適法性について

以上のとおり、本件申告について、請求人に「隠蔽し、又は仮装し」に該当する

事実があったとは認められず、通則法第68条第1項に規定する重加算税の賦課要件を満たしていない。

　他方、本件修正申告により納付すべき税額の計算の基礎となった事実が、本件修正申告前の税額の計算の基礎とされていなかったことについて、通則法第65条第4項第1号に規定する正当な理由があるとは認められない。

　以上のことから、本件賦課決定処分のうち、過少申告加算税相当額を超える部分の金額については違法であるから、別紙「取消額等計算書」のとおり取り消すべきである。

　なお、原処分のその他の部分については、請求人は争わず、当審判所に提出された証拠資料等によっても、これを不相当とする理由は認められない。

(6) 結論

　よって、審査請求には理由があるから、原処分の一部を別紙「取消額等計算書」のとおり取り消すこととする。

別表 1

生命保険金の受取状況

順号	支払者の名称	保険証券番号	受取年月日	受取金額
1	G社	○○○○	平成30年1月29日	15,436,988円
2	G社	○○○○	平成30年4月4日	10,019,500円

別表2　審査請求に至る経緯（省略）

別紙　　取消額等計算書（省略）

事例5 （重加算税　隠ぺい、仮装の認定　認めなかった事例）

> 　当初から相続財産を過少に申告することを意図し、その意図を外部からもうかがい
> 得る特段の行動があったものと認めることはできないとして、**重加算税の賦課決定処**
> **分を取り消した事例**（平成29年8月相続開始に係る相続税の重加算税の賦課決定処
> 分・一部取消し・令和3年3月23日裁決）
>
> 《ポイント》
> 　本事例は、請求人が、みなし相続財産である死亡保険金の申告漏れに関し、当該死
> 亡保険金の存在を税理士に伝えなかったことをもって、当初から過少に申告すること
> を意図し、その意図を外部からもうかがい得る特段の行動をしたとまではいえないこ
> とから、国税通則法第68条《重加算税》第1項に規定する重加算税の賦課要件は充足
> しないとしたものである。

《要旨》

　原処分庁は、請求人が、自身が支払を受けた2口の死亡保険金のいずれもが相続税の
課税対象であることを理解しながら、そのうちの1口の死亡保険金（本件保険金）に関
する資料を税理士に交付せず、本件保険金を含めない申告書を当該税理士に作成・提出
させたことは、当初から財産を過少に申告することを意図し、その意図を外部からもう
かがい得る特段の行動をした上、その意図に基づく過少申告をしたといえるから、重加
算税の賦課要件を充足する旨主張する。

　しかしながら、請求人及び被相続人が受けた本件保険金を扱う銀行の担当者の説明に
よると、請求人は、本件保険金が相続税の課税の対象とならないものと誤解した可能性
が否定できず、この誤解に基づいて、本件保険金の存在を税理士に伝えなかった可能性
も否定できない。また、請求人は、調査の初日に本件保険金の入金事績が記録された請
求人名義の銀行口座に係る通帳を原処分庁の調査担当職員に提示するなど、本件保険金
の入金の事実を調査担当職員に対して隠そうとはしていなかったことが認められ、この
事実は、上記誤解があった可能性を高める事実といえる。

　したがって、請求人が本件保険金の存在を税理士に伝えなかったことをもって、請求
人が当初から過少に申告することを意図し、その意図を外部からもうかがい得る特段の

行動をしたとまではいえず、重加算税の賦課要件は充足しない。

《参照条文等》

　国税通則法第68条第1項

《参考判決・裁決》

　最高裁平成7年4月28日第二小法廷判決（民集49巻4号1193頁）

（令和3年3月23日裁決）

《裁決書（抄）》

1　事　実

(1)　事案の概要

　　本件は、審査請求人（以下「請求人」という。）が、相続税の期限内申告におい
て申告していなかった死亡保険金について修正申告をしたところ、原処分庁が、当
該死亡保険金を申告しなかったことは隠蔽に基づくものであるとして重加算税の賦
課決定処分をしたのに対し、請求人が、隠蔽の事実はないとして、当該賦課決定処
分のうち、過少申告加算税相当額を超える部分の取消しを求めた事案である。

(2)　関係法令

　　国税通則法（以下「通則法」という。）第68条《重加算税》第1項は、通則法第
65条《過少申告加算税》第1項の規定に該当する場合において、納税者がその国税
の課税標準等又は税額等の計算の基礎となるべき事実の全部又は一部を隠蔽し、又
は仮装し、その隠蔽し、又は仮装したところに基づき納税申告書を提出していたと
きは、当該納税者に対し、過少申告加算税の額の計算の基礎となるべき税額に係る
過少申告加算税に代え、当該基礎となるべき税額に100分の35の割合を乗じて計算
した金額に相当する重加算税を課する旨規定している。

(3)　基礎事実

　　当審判所の調査及び審理の結果によれば、以下の事実が認められる。

　イ　請求人は、F（以下「本件被相続人」という。）の養子であり、専ら製品の品
　　質管理等の業務に従事してきた会社員である。

　ロ　本件被相続人は、平成18年9月25日、本件被相続人の一切の財産を請求人に相
　　続させる旨及びG信託銀行（取扱店　○○支店）を遺言執行者として指定する旨
　　の公正証書遺言をした。

　ハ　本件被相続人は、平成27年10月21日、H社（以下「本件保険会社」という。）
　　の代理店であるJ銀行の○○支店（以下「本件銀行支店」という。）において、
　　本件被相続人を保険契約者及び被保険者、本件保険会社を保険者、請求人を死亡
　　保険金受取人とし、一時払保険料を100,000,000円とする、基本保険金額
　　100,000,000円の終身保険契約の申込みを行い、同月22日、上記契約（以下「本件
　　保険契約」という。）は成立した。

本件保険契約の申込みの際、請求人は、その場に同席し、本件被相続人が当該
申込みを行うことについて確認する旨のJ銀行宛の書面に署名をした。

ニ　本件被相続人は、平成29年8月○日（以下「本件相続開始日」という。）に死
亡し、同日、その相続（以下「本件相続」という。）が開始した。本件相続に係
る相続人は、請求人のみである。

ホ　請求人は、平成29年8月25日付で、本件保険会社に対し、本件保険契約に係る
死亡保険金の支払の請求を行い、当該死亡保険金100,000,000円（以下「本件保険
金」という。）は、同年9月7日、本件銀行支店の請求人名義の普通預金口座
（以下「本件請求人口座」という。）に振り込まれた。

ヘ　請求人は、平成29年10月12日、本件被相続人を保険契約者及び被保険者、K社
を保険者とし、請求人を受取人とする生命保険契約に係る死亡保険金61,800,000
円（以下「本件K社保険金」という。）について、本件請求人口座への振込みの
方法により支払を受けた。

その際、請求人は、同社から、本件K社保険金に係る支払明細書の送付を受け
た。

ト　請求人は、本件保険会社から、平成29年10月16日付の本件保険金に係る支払調
書の送付を受けた。

チ　請求人が本件相続に係る相続税（以下「本件相続税」という。）の申告書の作
成を依頼したL税理士（以下「本件税理士」という。）は、平成30年2月17日、
請求人に対し、電子メールで、本件相続開始日以降の本件被相続人に関する医療
費の支払の有無や葬儀費用の支払金額などを尋ねるとともに、生命保険の支払が
あったかどうかについて質問をした。

請求人は、当該質問を受けて、本件税理士に対し、医療費や葬儀費用の支払金
額などの回答と併せて、生命保険の支払の件はK社の件のことだと思う旨回答す
るとともに、本件K社保険金に係る支払明細書を交付したものの、本件保険金に
ついては告げず、その支払調書を交付しなかった。

(4)　審査請求に至る経緯

イ　請求人は、法定申告期限内に、別表の「期限内申告」欄のとおり記載した本件
税理士の作成に係る本件相続税の申告書を原処分庁に提出して申告を行った（以
下、当該申告を「本件申告」といい、本件申告に係る申告書を「本件申告書」と

いう。)。

その際、本件申告書には、死亡保険金として本件K社保険金のみが記載されて
おり、本件保険金は記載されていなかった。

ロ　原処分庁所属の調査担当職員（以下「本件調査担当職員」という。）は、令和
元年8月21日、請求人の自宅に赴き、本件相続税に係る実地の調査を行った。

その際、本件調査担当職員が、請求人に対し、請求人が提示した本件請求人口
座に係る通帳に記録された平成29年9月7日の本件保険会社からの入金について
質問をしたのに対し、請求人は、本件被相続人が生前に契約した生命保険契約に
より受領した死亡保険金である旨回答した。また、本件調査担当職員は、請求人
に対し、本件保険金について申告しなかった理由及び本件税理士に対して報告や
相談をしなかった理由について質問をしたが、請求人は回答しなかった。

ハ　本件調査担当職員は、令和元年10月17日、M税務署において、請求人に対して
質問調査を行った。

ニ　請求人は、令和元年10月17日、本件調査担当職員の調査に基づき、本件保険金
を本件相続税の課税価格に算入して、別表の「修正申告」欄のとおり記載した修
正申告書を提出し、修正申告をした（以下、当該修正申告を「本件修正申告」と
いう。）。

ホ　原処分庁は、令和2年1月28日付で、請求人は、本件保険金が本件相続税の課
税財産であることを知りながら、これを隠蔽し、課税財産として申告していなか
ったと認められるとして、別表の「賦課決定処分」欄のとおり、本件修正申告に
基づき新たに納付すべきこととなった税額を基礎として、重加算税の賦課決定処
分をした（以下「本件賦課決定処分」という。）。

ヘ　請求人は、令和2年4月15日、本件賦課決定処分に不服があるとして、審査請
求をした。

2　争　点

請求人に、通則法第68条第1項に規定する隠蔽又は仮装の行為があったか否か。

3　争点についての主張

原処分庁	請求人
①請求人が本件K社保険金を本件申告に	請求人が本件保険金を申告しなかったの

含めていること、②本件保険金に係る支払調書には税務の申告に利用されたい旨の記載が付されていること、③本件税理士が請求人に対して送信した電子メールには、生命保険金の支払の有無を問い合わせる内容の記載があること、及び④本件銀行支店の担当者が、本件保険金が相続税の対象となることを本件保険契約の締結時に請求人に説明したことからすれば、請求人は、本件保険金が相続税の課税対象であることを十分に理解していたものと認められる。

そして、請求人は、本件保険金及び本件K社保険金のいずれもが相続税の課税の対象となることを理解しながら、あえて本件K社保険金に関する資料のみを本件税理士へ交付し、本件保険金に関する資料を本件税理士へ交付しないことにより、本件保険金を本件相続によって取得したものとみなされる財産に含めない申告書を本件税理士に作成させ、当該申告書を原処分庁に提出することで過少申告をしたものと認められる。

したがって、請求人は、当初から財産を過少に申告することを意図し、その意図を外部からもうかがい得る特段の行動をした上、その意図に基づく過少申告をしたといえるから、請求人には、通則法第68条第1項に規定する隠蔽又は仮装の行為があった。

は、本件銀行支店の担当者から、本件保険金は相続税の納税のための資金であり、振り込まれても請求人のものではない旨の説明を受けて、請求人が、本件保険金は相続トラブルが生じた場合にも相続の対象とならずに相続税の納税に充てることができる保険金であって、請求人に帰属しない財産であるから、申告の対象に含める必要はないものと理解していたことによるものである。

そして、本件税理士に本件保険金に関する資料を交付しなかったのは、①上記のとおり、請求人が、本件保険金は相続税の納税のための保険金であって、請求人に帰属しない財産であると理解しており、その取扱いが本件K社保険金とは異なるものと認識していたことに加え、②本件保険契約は、本件被相続人と請求人が本件銀行支店の担当者の説明を受けた上で締結したものであり、本件銀行支店と提携しているG信託銀行○○支店の遺言執行担当者から本件銀行支店と連絡を取りながら遺産整理を進める旨の話があったことから、請求人は、G信託銀行においても本件保険金について当然に確認しており、G信託銀行と連携して本件相続に係る申告書を作成している本件税理士も本件保険金について当然に承知しているものと認識していたことによるものである。

	したがって、請求人は、当初から財産を過少に申告することを意図し、その意図を外部からもうかがい得る特段の行動をした上、その意図に基づく過少申告をしたとは全くいえず、請求人に、通則法第68条第1項に規定する隠蔽又は仮装の行為はない。

4　当審判所の判断

(1)　法令解釈

　　通則法第68条第1項に規定する重加算税の制度は、納税者が、過少申告をするについて隠蔽、仮装という不正手段を用いていた場合に、過少申告加算税よりも重い行政上の制裁を科することによって、悪質な納税義務違反の発生を防止し、もって申告納税制度による適正な徴税の実現を確保しようとするものである。

　　したがって、重加算税を課するためには、納税者のした過少申告行為そのものが隠蔽、仮装に当たるというだけでは足りず、過少申告行為そのものとは別に、隠蔽、仮装と評価すべき行為が存在し、これに合わせた過少申告がされたことを要するものである。しかし、上記の重加算税制度の趣旨に鑑みれば、架空名義の利用や資料の隠匿等の積極的な行為が存在したことまで必要であると解するのは相当でなく、納税者が、当初から過少に申告することを意図し、その意図を外部からもうかがい得る特段の行動をした上、その意図に基づく過少申告をしたような場合には、重加算税の賦課要件が満たされるものと解すべきである（最高裁平成7年4月28日第二小法廷判決・民集49巻4号1193頁参照）。

(2)　認定事実

　　原処分関係資料並びに当審判所の調査及び審理の結果によれば、以下の事実が認められる。

イ　本件銀行支店の担当者は、平成27年10月21日、本件銀行支店において、本件被相続人及び請求人に対して本件保険契約を勧め、その際、請求人に対し、本件被相続人の本件銀行支店における預金残高からすると将来の相続税の負担が多額になることから、本件保険契約を締結することにより、請求人が生命保険金を受領し、相続税の納付の心配が軽減される旨を説明した。

また、本件銀行支店の担当者は、請求人に対し、本件保険契約について説明を
　する中で、本件保険契約に係る死亡給付金に対する課税について、契約者及び被
　保険者が本件被相続人で、死亡給付金受取人が請求人であることから、税金の種
　類としては相続税の対象となることを説明した。

ロ　請求人は、令和元年10月17日、本件調査担当職員に対し、本件被相続人が本件
　保険契約の申込みをする際に本件銀行支店の担当者から、預金のままにしておく
　と将来相続が発生した時に、すぐにこの預金が相続税の納税のために使えるかど
　うか分からないとの話があったことから、請求人以外の相続人が出てきたときに、
　納税期限までに相続税を納付できない場合もあると考えた旨を申述した。

　　また、請求人は、本件銀行支店の担当者から、「この新しい生命保険契約は納
　税のための生命保険契約であり、全て税金を納めるためのものですから、○さん
　の財産にはなりません」との話があったことから、本件保険契約は申告しなくて
　もよいものと解釈した旨の申述もした。

(3)　検討

イ　上記１の(3)のチのとおり、請求人は、本件税理士に対し、本件Ｋ社保険金に係
　る支払明細書を交付したものの、本件保険金については支払調書を交付しておら
　ず、その存在も伝えていない。そして、その結果、上記１の(4)のイのとおり、本
　件税理士の作成に係る本件申告書には、死亡保険金として本件Ｋ社保険金のみが
　記載され、本件保険金については記載されなかった。

　　もっとも、上記(2)のイに記載の本件銀行支店の担当者からの「本件保険契約を
　締結することにより、請求人が生命保険金を受領し、相続税の納付の心配が軽減
　される」旨の説明内容に加えて、本件保険契約に係る保険料が一時払であり、そ
　の支払額と基本保険金額が同額であって、本件保険契約は被相続人名義の預金を
　相続開始後に相続人名義の預金へと移すことができることに意義がある契約であ
　るといえること、さらに、請求人が、上記(2)のロのとおり、調査の際に、本件銀
　行支店の担当者から、預金のままにしておくと将来相続が発生した時に、すぐに
　この預金が相続税の納税のために使えるかどうか分からないとの話があった旨述
　べていることにも照らすと、本件保険契約は、それによって、本件被相続人に相
　続が開始した際に請求人以外の相続人が現れて本件被相続人の預金を本件相続税
　の納付に充てることができない事態が生じたとしても、同相続人の権利が及ばな

い本件保険金を本件相続税の納付に充てることが可能となるものであるといえる。

　そして、上記(2)のロのとおり、請求人が、本件保険契約について、本件銀行支店の担当者から納税のための生命保険契約であり、全て税金を納めるためのものであるから、「○さん」の財産にはならないとの話があった旨述べていることからすれば、同担当者から本件保険契約について説明がされる中で、上記の本件保険契約の趣旨の説明があったとも考えられ、その際に、本件被相続人を指して「○さん」の財産ではない（から他の相続人の権利が及ばない）、と説明がされたのを、本件被相続人と同じ姓の請求人の財産にはならず、みなし相続財産として相続税の課税の対象となることはないと誤って理解してしまうなどした可能性も直ちに否定できない。

　そうすると、請求人が、本件銀行支店の担当者から、本件保険契約の契約者及び保険金受取人等に応じた本件保険金の課税上の取扱いについて一般的な説明を受け、また、本件保険金に係る支払調書に税務の申告に利用されたい旨の記載が付されていたことを踏まえても、上記１の(3)のイのとおり、税務に関する知識や経験が豊富とはいえない請求人において、本件保険金は、本件Ｋ社保険金とは異なり、請求人の財産ではなく、相続税の課税の対象とならないものと誤解し、かかる誤解に基づいて本件保険金について本件税理士に伝えなかった可能性も否定できないものというべきである。

　この点、請求人は、上記１の(4)のロのとおり、本件相続税に関する請求人に対する調査の初日に、本件保険金の入金事績が記録された本件請求人口座に係る通帳を本件調査担当職員に提示するとともに、当該入金事績に関する本件調査担当職員の質問に本件保険金の入金である旨回答しており、このように、殊更に本件保険金の入金の事実を本件調査担当職員に対して隠そうとはしていない請求人の態度は、上記誤解があった可能性を高める事実ともいえる。

　なお、請求人は、上記１の(4)のロのとおり、上記調査時に本件調査担当職員から、本件保険金が申告漏れとなった理由を問われたのに対して沈黙している。この点については、請求人が、自身の理解と異なる事態に唖然として何も答えられなかった旨説明しており、即座に理由の説明がされなかったことをもって直ちに上記可能性が否定されることにはならない。

ロ　したがって、本件において請求人が本件保険金の存在について本件税理士に伝

えなかったことをもって、請求人が当初から過少に申告することを意図し、その意図を外部からもうかがい得る特段の行動をしたとまではいえず、他に請求人に特段の行動があったと認めるべき事情も見当たらない。

ハ　以上によれば、請求人が本件申告において本件保険金を申告しなかったことにつき、通則法第68条第1項に規定する隠蔽又は仮装の行為があったということはできない。

(4)　原処分庁の主張について

原処分庁は、上記3の「原処分庁」欄のとおり、請求人は、本件保険金及び本件K社保険金のいずれもが相続税の課税対象であることを十分に理解しながら、あえて本件K社保険金に関する資料のみを本件税理士に交付し、本件保険金に関する資料を本件税理士に交付せず、本件保険金を含めない申告書を本件税理士に作成させ、当該申告書を原処分庁に提出することで過少申告をしたことから通則法第68条第1項に規定する隠蔽又は仮装の行為があった旨主張する。

しかしながら、請求人が、本件保険金が相続税の課税の対象とならないものと誤解し、かかる誤解に基づいて、本件保険金について本件税理士に伝えなかった可能性を否定できないことは上記(3)のイのとおりであり、原処分庁の主張には理由がない。

(5)　原処分の適法性について

上記(3)のとおり、請求人が本件申告において本件保険金を申告しなかったことについて、通則法第68条第1項に規定する隠蔽又は仮装の行為があったとは認められないことから同項の重加算税の賦課要件を満たさない。他方、請求人について通則法第65条第1項所定の要件を充足するところ、本件保険金が本件修正申告前の税額の計算の基礎とされていなかったことについて、通則法第65条第4項第1号に規定する正当な理由があるとは認められない。そして、本件賦課決定処分のその他の部分については、請求人は争わず、当審判所に提出された証拠資料等によっても、これを不相当とする理由は認められない。

したがって、本件賦課決定処分は、過少申告加算税相当額を超える部分の金額につき違法であり、別紙「取消額等計算書」のとおり取り消すのが相当である。

(6)　結論

よって、審査請求は理由があるから、原処分の一部を別紙「取消額等計算書」の

とおり取り消すこととする。

別表　審査請求に至る経緯（省略）

別紙　取消額等計算書（省略）

事例6 （重加算税　隠ぺい、仮装の認定　認めなかった事例）

　　第三者が何ら根拠のない金額を必要経費として記載した試算表を作成した行為は、過少申告行為とは別の隠ぺい又は仮装行為に該当しないとした事例（平成29年分の所得税及び復興特別所得税の重加算税の賦課決定処分・一部取消し・令和3年3月24日裁決）

《ポイント》
　本事例は、第三者が何ら根拠のない金額を必要経費として記載した試算表は、当該第三者が請求人の確定申告書を作成するためだけの一時的な補助資料の域を出るものではなく、その作成が、過少申告行為とは別の隠ぺい又は仮装行為に該当すると認めることは困難であるから、重加算税の賦課要件を満たさないとしたものである。

《要旨》
　原処分庁は、請求人の申告書を作成した第三者が、何ら根拠のない金額を必要経費として記載した試算表（本件試算表）を作成した上で、それを基に作成した確定申告書を提出したことは、請求人の事業所得に係る必要経費の計上について、過少申告行為とは別の隠ぺい又は仮装行為であり、重加算税の賦課要件を満たしている旨主張する。

　しかしながら、当該第三者は、本件試算表を使用して確定申告書を作成した後には、本件試算表を保存しておくことなく、不要なものとして処分しており、また、請求人を含む他者に見せることもなかったものである。そうすると、本件試算表は、当該第三者が確定申告書を作成するためだけの一時的な補助資料の域を出るものではなく、その作成が、過少申告行為とは別の隠ぺい又は仮装行為に該当すると認めることは困難であるから、重加算税の賦課要件を満たさない。

《参照条文等》
　国税通則法第68条第1項

《参考判決・裁決》
　最高裁平成7年4月28日第二小法廷判決（民集49巻4号1193頁）

（令和3年3月24日裁決）

《裁決書（抄）》

1　事　実

(1)　事案の概要

　　本件は、審査請求人（以下「請求人」という。）が、所得税等の修正申告を行っ
　たところ、原処分庁が、請求人から所得税等の確定申告書作成の依頼を受けた第三
　者が事実を仮装して確定申告書を提出し、当該第三者の行為は請求人の行為と同視
　できるとして、請求人に対して重加算税の賦課決定処分を行ったのに対し、請求人
　が、当該確定申告書は上記第三者が独断で作成したものであり、請求人の行為と同
　視できないなどとして、原処分のうち過少申告加算税相当額を超える部分の取消し
　を求めた事案である。

(2)　関係法令

　　国税通則法（以下「通則法」という。）第68条《重加算税》第1項は、通則法第
　65条《過少申告加算税》第1項の規定に該当する場合において、納税者がその国税
　の課税標準等又は税額等の計算の基礎となるべき事実の全部又は一部を隠蔽し、又
　は仮装し、その隠蔽し、又は仮装したところに基づき納税申告書を提出していたと
　きは、当該納税者に対し、政令で定めるところにより、過少申告加算税の額の計算
　の基礎となるべき税額に係る過少申告加算税に代え、当該基礎となるべき税額に
　100分の35の割合を乗じて計算した金額に相当する重加算税を課する旨規定してい
　る。

(3)　基礎事実及び審査請求に至る経緯

　　当審判所の調査及び審理の結果によれば、以下の事実が認められる。

　イ　請求人は、平成27年11月10日から令和元年5月31日までの間、F社（以下「本
　　件法人」という。）が経営するキャバクラ店「G」（以下「本件店舗」という。）
　　において、ホステス業を営んでいた。請求人は、本件法人からホステス業に係る
　　報酬を受領しており、本件法人は、請求人から当該報酬に係る所得税及び復興特
　　別所得税（以下、併せて「所得税等」という。）を源泉徴収していた。

　ロ　請求人は、平成28年分の所得税等の確定申告書については、本件店舗の客であ
　　った税理士事務所の事務員にその作成及び提出を依頼し、同事務所所属の税理士
　　は、請求人の事業所得に係る収入金額を○○○○円、必要経費の額を2,544,749円、

所得税等の還付金の額に相当する税額を〇〇〇〇円とする所得税等の確定申告書を作成し、これを法定申告期限までに原処分庁に提出した。

ハ 請求人は、平成29年分の所得税等の確定申告書の作成及び提出について、本件店舗の常連客であったHに依頼することとし、平成30年2月8日、Hに対し、平成28年分の所得税等の確定申告書の控え、「確定申告書チェックリスト」と題する書類及び領収書類、並びに本件法人作成の「平成29年分報酬、料金、契約金及び賞金の支払調書」（支払金額〇〇〇〇円、源泉徴収税額〇〇〇〇円と各記載されたもの。以下「本件真正支払調書」という。）及び平成29年分の「ホステス報酬明細書」と題する書面を手交し、確定申告書の作成及び提出に係る費用として27,000円を現金で支払った。

また、Hは、上記の確定申告書の作成及び提出に係る費用27,000円につき、「J」名義の領収書（以下「本件領収書」という。）を作成し、その作成年月日について、平成30年2月8日と記載していたのを、請求人の面前で、二重線を引き、平成29年12月25日と書き換えた。

ニ 請求人は、平成29年分の所得税等の確定申告書を法定申告期限までに原処分庁に提出しなかった。

ホ 請求人は、Hから確定申告について連絡がなかったことから、平成30年5月、請求人の平成29年分の所得税等の確定申告書が提出されているかを原処分庁に確認したところ、未提出である旨の回答があったため、Hに対し、同申告書の提出を催促した。

ヘ Hは、請求人に係る本件法人名義の虚偽の内容の「平成29年分報酬、料金、契約金及び賞金の支払調書」（支払金額〇〇〇〇円、源泉徴収税額〇〇〇〇円と各記載したもの。以下「本件虚偽支払調書」という。）を作成の上、別表の「確定申告」欄のとおり記載した請求人の平成29年分の所得税等の確定申告書（以下「本件申告書」という。）及び平成29年分所得税青色申告決算書（一般用）（以下「本件決算書」という。）を作成し、平成30年5月10日、本件虚偽支払調書を添付して、本件申告書及び本件決算書を原処分庁に提出した。また、Hは、同日、請求人に対し、本件申告書の控えの画像データを送信した。

ト 請求人又はHは、平成30年5月27日、本件申告書が法定申告期限内に提出されなかったにもかかわらず、事業所得の金額の計算上、青色申告特別控除額を

650,000円と記載していたことから、同控除額を100,000円として、別表の「修正申告（1回目）」欄のとおり記載した平成29年分の所得税等の修正申告書（以下「本件修正申告書1」という。）を原処分庁に提出した。

チ 請求人は、平成30年6月7日、本件申告書に係る所得税等の還付金○○○○円（ただし、本件修正申告書1による納付すべき税額○○○○円に充当した後の金額）を原処分庁から受領した。

リ 請求人は、Hに預けた上記ハ記載の資料及び本件申告書の控えが返却されなかったことから、Hにこれら資料の返却を依頼したところ、Hは、平成30年8月23日付のゆうパックで、請求人にこれら資料を返却した。

ヌ 請求人は、平成30年分の所得税等の確定申告書について、本件申告書及び本件決算書の金額を参考にして自ら作成し、法定申告期限内に原処分庁に提出した。

ル 原処分庁所属の調査担当職員（以下「調査担当職員」という。）は、令和元年5月28日、請求人に対する平成29年分及び平成30年分の所得税等に係る調査を開始した。

ヲ 請求人は、調査担当職員から修正申告の勧奨を受け、令和元年10月21日、K税理士を税務代理人として、別表の「修正申告（2回目）」欄のとおり記載した平成29年分の所得税等の修正申告書（以下「本件修正申告書2」という。）を原処分庁に提出した。

ワ 原処分庁は、令和元年11月21日付で、本件修正申告書2について、別表の「賦課決定処分」欄のとおり、重加算税の賦課決定処分（原処分）をした。

なお、請求人は、平成30年分の所得税等についても、修正申告の勧奨を受け、修正申告書を提出したが、原処分庁は、同年分については、重加算税の賦課決定処分をしなかった。

カ 請求人は、原処分の一部（過少申告加算税相当額を超える部分）について不服があるとして、令和2年1月15日に審査請求をした。

2 争 点

請求人について、通則法第68条第1項に規定する事実の隠蔽又は仮装行為があったか否か。

(1) Hは、請求人の平成29年分の事業所得に係る必要経費の過大計上につき、事実の隠蔽又は仮装行為を行ったか否か。

(2)　本件申告書の提出に係るHの行為は、請求人の行為と同視できるか否か。

3　争点についての主張

原処分庁	請求人
(1)　事実の隠蔽又は仮装行為について 　　以下のとおり、Hは、請求人の平成29年分の事業所得に係る必要経費の計上につき、事実の隠蔽又は仮装行為を行った。 　イ　Hは、請求人からの本件申告書の作成依頼を受けて、源泉徴収税額を実際より多く記載した本件虚偽支払調書を偽造したほか、自宅家賃及び水道光熱費など事業に全く関係のないものや支払事実のないものまでをも必要経費に算入した試算表（以下「本件試算表」という。）を作成した上で、これらに基づいて本件申告書を作成し、原処分庁に提出した。 　　したがって、Hは、必要経費の計上についても、事実の隠蔽又は仮装行為を行ったものである。 　　なお、何ら根拠のない金額を必要経費として記載した本件試算表を作成した上で、それを基に作成した本件決算書及び本件申告書を提出した本件は、請求人の主張する「過少申告行為そのものであって、過少申告の意図を外部からもうかがい得る特段の行動に当たるとは評価できない」場合には該当し	(1)　事実の隠蔽又は仮装行為について 　　以下のとおり、請求人の平成29年分の事業所得に係る必要経費の計上につき、事実の隠蔽又は仮装行為はない。 　イ　そもそも、Hが、本件試算表のどの費目をどのように改ざん等したかは明らかではない。 　　そして、Hは、請求人に対して必要経費の聞き取りを行っておらず、本件試算表に計上した金額は、何ら根拠のない金額である。このような場合は、公表裁決にあるように、過少申告行為そのものであって、過少申告の意図を外部からもうかがい得る特段の行動に当たるとは評価できない。 　　そうすると、必要経費の計上について、隠蔽又は仮装行為はないというべきである。 　　なお、実際にも、請求人がHに渡した領収書類のうち事業に全く関係のないものの金額はごく少額であり、Hが計上した必要経費には、領収書類の保存がなくても、現実に支払っており必要経費とすべきものが相当程度含まれている。

ない。

ロ　原処分庁は、平成30年分の所得税等については、請求人の確定申告書提出までの過程において隠蔽又は仮装行為が認められなかったから重加算税を賦課しなかったにすぎず、かかる事情は、上記イの隠蔽又は仮装の事実の有無の判断とは関係がない。

ロ　請求人は、平成30年分の所得税等につき、本件決算書の必要経費の金額を基に、自ら平成30年分所得税の青色申告決算書を作成して申告をしたが、重加算税を賦課されなかったのであり、このことからしても、平成29年分の必要経費の金額の多寡は、隠蔽又は仮装の事実に該当しない。

(2)　Hの行為と請求人の行為との同視について

　納税者は、他人に申告を委任する場合に、誠実に受任者を選任し、適法に申告するように受任者を監視・監督すべきところ、以下のとおり、請求人はこれを怠ったといえるから、Hの行為は、請求人の行為と同視することができる。

(2)　Hの行為と請求人の行為との同視について

　以下のとおり、Hの行為は、請求人の行為と同視することができない。

イ　請求人は、Hに申告書の作成を依頼すれば作成費用や納税額が安くなるなどの噂を聞いていたことから、いかなる手段によるかを問わず、自らが受領する所得税等の還付金が増加することのみを期待して、税理士の資格を有していないHに対し、確定申告書の作成及び提出を包括的に委任した。

　なお、Hの言動等からしても、Hが税理士であることを信じるに足りる状況は見当たらない。

イ　請求人は、従前、本件店舗の客であった税理士事務所の事務員を介して確定申告を行っていたところ、同じく本件店舗の客であったHから、平成28年分の所得税等の還付金が少なすぎる、前の税理士は仕事ができないなどと言われて確定申告書の作成及び提出の委任を勧誘され、税理士業務ができるような名刺を見せられるなどしたことから、Hを税理士と信じて本件申告書の作成及び提出を依頼したもので、Hに対しては、適正に申告するように指示

ロ　請求人は、本件領収書の日付欄の改ざんを黙認し、生活費等も経費に算入する旨のHの甘言に乗って事業に全く関係のない支払に係る領収書類をHに手渡すなど、Hが隠蔽又は仮装行為により所得税等の還付金を増やす可能性を予想していただけでなく、自らそれに沿う行動をしていた。

　また、請求人は、本件申告書の内容を提出前に確認せず、提出後も、Hから本件申告書の控えの画像データを受信し、本件修正申告書1を提出し、平成30年8月3日付で、Hに預けた書類及び本件申告書の控えの返却を受けたのであるから、いずれかの時点において、本件申告書が適正なものであるかを確認できたにもかかわらず、確認しなかった。さらに、請求人は、収入金額がさほど増加していないにもかかわらず、平成28年分よりも○○○○円以上増加した所得税等の還付金を受領するなど、本件申告書に不自然な点があったにもかかわらず、Hに確認しなか

していた。なお、請求人は、平成30年5月8日、Hが他の税理士に依頼していると認識したものの、従前の確定申告と同様に問題はないと考えたのであり、Hに対する税理士の資格の確認を怠ったのではない。

ロ　請求人は、法定申告期限前の平成30年3月11日、Hに対し、確定申告作業の進捗状況を確認して法定申告期限内の申告を指示するなど、Hを適切に管理監督していた。

　しかし、Hは、税理士の資格がないことを隠すため、請求人に申告内容の確認を求めることなく、本件申告書を原処分庁に提出し、本件虚偽支払調書を添付した本件申告書の控えやHに預けた本件真正支払調書等を直ちに返却しなかったことから、請求人は、本件虚偽支払調書の添付の事実を含めて本件申告書の内容を確認できなかったのであり、決して看過したのではない。

　また、上記(1)のイのとおり、請求人がHに渡した領収書類のうち、事業に全く関係のないものの金額はごく少額である。

った。 　このように、請求人は、Hが隠蔽又は仮装行為により本件申告書を提出することを了知し、又は容易に了知することができたにもかかわらず、その提出を黙認し、提出後においても本件申告書の内容の是正を怠った。 ハ　本件申告書の提出により利益を享受したのは、所得税等の還付金を多額に受領した請求人である。他方、Hには、請求人の要望もないままに本件虚偽支払調書の作成を含めた一連の行為により本件申告書を提出する合理的な理由は存せず、自己の利益実現のみを目的としていたとは認められないし、仮にそうであったとしても、請求人がHの監督等を怠った事実に変わりはない。 　また、Hは、請求人に対して本件申告書の控えの画像データを送信していることからも、本件申告書の内容を請求人に秘匿する意図はうかがえず、請求人を欺き、請求人に内緒で確定申告書の作成及び提出を行ったとはいえない。	ハ　Hは、自己の利益実現のみを目的として、上記ロのとおり、請求人を欺き、請求人に内緒で悪質な偽造行為を行ったものであり、このような特別な事情がある場合において、責任を負うべきはHであり、被害者である請求人に過重な責任を強いるべきではない。

4　当審判所の判断

(1)　法令解釈

　　イ　通則法第68条第1項に規定する重加算税の制度は、納税者が過少申告をするについて隠蔽、仮装という不正手段を用いていた場合に、過少申告加算税よりも重

い行政上の制裁を科すことによって、悪質な納税義務違反の発生を防止し、もって申告納税制度による適正な徴税の実現を確保しようとするものである。

　　したがって、重加算税を課するためには、納税者のした過少申告行為そのものが隠蔽、仮装に当たるというだけでは足りず、過少申告行為そのものとは別に、隠蔽、仮装と評価すべき行為が存在し、これに合わせた過少申告がされたことを要するものである（最高裁平成7年4月28日第二小法廷判決・民集49巻4号1193頁参照）。

ロ　また、通則法第68条第1項は、「納税者が…隠蔽し、又は仮装し」と規定し、隠蔽、仮装行為の主体を納税者としているものの、納税者が第三者にその納税申告を委任し、その受任者が隠蔽、仮装行為を行った場合であっても、上記の重加算税制度の趣旨及び目的からすれば、それが納税者本人の行為と同視することができるときには、重加算税を賦課することができるというべきである。

　　すなわち、申告納税制度の下においては、納税者は、納税申告を第三者に委任したからといって、自身の適法に申告する義務を免れるものではなく、適切に受任者を選任し、適法に申告するように受任者を監督して、自己の申告に遺漏がないようにすべきものである。そして、納税者が、これらを怠って、当該受任者が隠蔽、仮装行為を行うこと若しくは行ったことを認識し、又は認識することができ、その是正の措置を講ずることができたにもかかわらず、納税者においてこれを防止せずに隠蔽、仮装行為が行われ、それに基づいて過少申告がされた場合は、特段の事情がない限り、当該受任者の行為を納税者本人の行為と同視することができ、重加算税を賦課することができると解するのが相当である。

(2)　認定事実

　　請求人提出資料、原処分関係資料並びに当審判所の調査及び審理の結果によれば、次の事実が認められる。

イ　請求人のHへの確定申告書の作成依頼の経緯等

　(イ)　請求人は、上記1の(3)のロのとおり、平成28年分の所得税等の確定申告書の作成及び提出については、税理士に依頼していたが、平成29年分の所得税等の確定申告については、本件店舗の常連客であったHから、自身に確定申告書の作成を依頼すれば、平成28年分より納める税金が安くなる、申告書の作成報酬も安いなどと言われたことから、同(3)のハのとおり、平成29年分の所得税等の

確定申告書の作成及び提出をHに依頼した。

(ロ)　請求人は、Hから、事業に関するものに加えて、生活のための支払や個人的な飲食費などできるだけ多くの領収書を渡すように指示を受け、上記1の(3)のハのとおり、平成30年2月8日、Hと喫茶店で面会した際、Hに対し、本件真正支払調書等とともに、Hの上記指示に沿って、ペットに係る費用など明らかに事業と関連性のない支払に係るものも含めて、多数の領収書類を渡した。また、請求人は、同ハのとおり、同日、確定申告書の作成及び提出に係る費用を支払って、Hから「J」名義の本件領収書を受け取った際、Hから、本件領収書の作成年月日を平成30年2月8日から平成29年12月25日に書き換えた理由について、領収日付を平成29年中とすることによって同年分の必要経費として計上することができる旨の説明を受けた。

(ハ)　Hは、法定申告期限である平成30年3月15日までに、請求人の平成29年分の所得税等の確定申告書を提出しなかったところ、請求人は、上記1の(3)のホのとおり、Hから連絡がなかったことから、平成30年5月になって初めて、原処分庁に確認して、申告書が提出されていないことを知り、Hに申告書の提出を催促した。そして、Hは、同(3)のへのとおり、同月10日、本件虚偽支払調書を添付して、本件申告書等を原処分庁に提出したが、請求人は、事前に、当該申告書等の内容を確認することはなく、申告書等の提出後に、Hから当該申告書の控えの画像データを受信した。

　　　そして、請求人は、本件申告書の提出により、平成28年分よりも○○○○円以上多い還付金を受領した。

(ニ)　請求人がHから受け取った名刺には、Hの肩書として、「J」の「所長」と記載され、同事務所の業務として、「起業支援・会計記帳・就労ビザ書類代行・経営指導・販売促進企画」と付記されているのみで、Hが税理士であることを示す記載も、税理士業務を行っていることを示す記載も、全くなかった。

　　　また、請求人がHから受け取った本件領収書にも、作成者として「J」と記載されているのみで、税理士業務に関する記載は全くなかった。

ロ　Hによるホステスらの確定申告書等の作成状況等

(イ)　Hは、平成29年末頃、帳簿や試算表の作成などの記帳代行業を営むLと相談し、キャバクラ店に在籍するホステスらの歓心を得るため、税理士の資格を有

さず、税務の専門知識もなかったものの、安い報酬で還付金を多くすると触れ込んで、請求人を含む複数のホステスから、所得税等の確定申告書の作成及び提出の依頼を受けた。もっとも、Hは、当初は、従前よりLが記帳代行した帳簿や試算表を渡して所得税等の確定申告書の作成を依頼していた税理士に、Hが作成した試算表や確定申告書を渡してその内容を確認してもらい、当該申告書を、同税理士に署名押印をしてもらった上で、税務署に提出することを予定していた。

しかし、その後、Hは、請求人とは異なる一人目のホステスの試算表及び確定申告書を作成した時点で、上記税理士から上記の確定申告書の内容確認等を断られたため、税理士の関与を経ないまま、請求人を含むホステスらの確定申告書を税務署に提出することとした。

(ロ) Hは、ホステスの所得税等の確定申告書の作成について、①各ホステスから受領した本件法人作成の「ホステス報酬明細書」と題する書類及び「報酬、料金、契約金及び賞金の支払調書」（支払調書）により、収入金額及び源泉徴収税額を把握し、②各ホステスに「確定申告チェックリスト」と題する書類を作成させて、その住所、氏名、地代家賃、所得控除などを把握し、③各ホステスにあらゆる領収書類を集めて渡すように指示してこれを受領し、④上記①から③までの資料を集計しつつも、実際に支払のない経費も更に計上するなどして、パソコンで試算表（表計算ソフトに売上や各経費の項目ごとの金額を入力して一覧表にしたもの。）を作成し、⑤上記①の支払調書に記載された源泉徴収税額よりも過大な金額を記載した虚偽の支払調書を作成し、⑥上記②の「確定申告チェックリスト」、上記④の試算表及び上記⑤の虚偽の支払調書に基づいて、確定申告書や決算書を作成する、という手順で行っていた。

(ハ) Hは、請求人の確定申告についても、請求人を喜ばせるため、請求人が得る所得税等の還付金を増加させるべく、基本的に、上記(ロ)と同様の手順で、本件申告書及び本件決算書を作成し、税理士の関与を経ないまま、原処分庁に提出した。

なお、Hは、本件申告書に係る試算表（本件試算表）もパソコンで作成したが、本件申告書の作成後には、もはや必要がないと考え、そのデータを削除し、また、これを紙に出力したものも保管せず、請求人を含めた他者に見せること

もなかった。

(3) 検討

イ　Hの隠蔽又は仮装行為について

(イ)　本件虚偽支払調書の作成について

　　Hは、上記１の(3)のヘ並びに上記(2)のロのとおり、過大な源泉徴収税額を記載した本件虚偽支払調書を作成した上で、これに基づいて本件申告書を作成し、本件申告書に本件虚偽支払調書を添付して原処分庁に提出しており、この本件虚偽支払調書の作成行為は、過少申告行為そのものとは別の隠蔽又は仮装行為に該当する。

(ロ)　必要経費の過大計上について（争点の(1)）

　　まず、上記１の(3)のロ、ハ及びヲからすると、本件申告書及び本件決算書に記載の必要経費の金額が過大であったことは優に認められる。

　　そして、本件試算表は、現時点では存在しないものの（上記(2)のロの(ハ)）、Hは、同ロの(イ)及び(ロ)のとおり、複数のホステスにつき、同ロの①から⑥の手順で源泉徴収税額及び必要経費を過大計上して、不正に還付金の額を増加させた確定申告書を作成しており、請求人についても、その還付金を不正に増加させるべく、同様の手順で、本件試算表を作成の上、本件申告書及び本件決算書を作成して原処分庁に提出したと認められるから、本件試算表は、本件申告書及び本件決算書と同様に、架空の過大な必要経費の額が記載され、事実がわい曲されたものであったと認められる。

　　しかしながら、上記(1)のイのとおり、重加算税を課するためには、過少申告行為そのものとは別に、隠蔽又は仮装と評価すべき行為が存在する必要があるところ、上記(2)のロの(ハ)のとおり、Hは、本件試算表を使用して本件決算書及び本件申告書を作成した後には、本件試算表を保存しておくことなく、不要なものとしてそのデータを削除しており、また、請求人を含む他者に見せることもなかったものである。なお、同ロの(イ)のとおり、Hは、当初は税理士にホステスに係る試算表を渡す予定であったことは認められるものの、一人目の試算表等を作成した時点で当該税理士から早々に断られており、それより前に、請求人に係る本件試算表が作成されていたことを認めるに足りる証拠はないのであって、本件試算表は、税理士等他者への提示や保存が予定されていたものと

は認められない。そうすると、本件試算表は、H自身が本件申告書を作成するためだけに一時的に利用した補助資料の域を出るものではないというほかなく、本件試算表の作成が、本件申告書の作成及び提出とは別の行為に該当すると認めることは困難である。

　以上からすると、本件試算表における必要経費の過大計上は、過少申告行為そのものである本件申告書の作成及び提出行為とは別の行為とはいえず、よって、Hが、請求人の平成29年分の事業所得に係る必要経費の計上につき、過少申告行為そのものとは別に、事実の隠蔽又は仮装と評価すべき行為を行ったとはいえない。

(ハ)　原処分庁の主張について

　原処分庁は、Hは、何ら根拠のない金額を必要経費として記載した本件試算表を作成した上で、それを基に作成した本件申告書及び本件決算書を提出したから、請求人の平成29年分の事業所得に係る必要経費の計上につき事実の隠蔽又は仮装を行ったといえ、このことは、「過少申告そのものであって、過少申告の意図を外部からもうかがい得る特段の行動に当たるとは評価できない」場合には該当しない旨主張する。

　しかしながら、本件試算表の作成行為が過少申告行為そのものとは別の行為とはいえないことは、上記(ロ)のとおりであって、これを覆すに足りる証拠はない。そして、本件全証拠によっても、H又は請求人に、過少申告の意図を外部からもうかがい得る特段の行動があったと認めるに足りる証拠もないから、原処分庁の主張は採用することができない。

ロ　本件申告書の提出に係るHの行為は、請求人の行為と同視できるか否かについて（争点の(2)）

(イ)　上記(1)のロで述べたところに従い、Hの上記イの(イ)の行為を請求人の行為と同視することができるかにつき、以下検討する。

　この点、まず、請求人は、税理士資格を有しないHに対し、本件申告書の作成及び提出を委任したものである。そして、請求人は、Hが税理士と信じたと主張し、その根拠として、Hから税理士業務ができるような名刺を見せられたと指摘するところ、上記(2)のイの(ニ)のとおり、Hの名刺やHが渡した本件領収書にすら、Hが税理士であることや税理士業務を行っていることを示す記載は

全くなく、その他、本件全証拠によっても、本件申告書の提出前の時期に、H
が税理士であると信じるに足りる事情があったことはうかがわれない。

　そして、請求人は、上記(2)のイの(ロ)のとおり、Hの指示に沿って明らかに事
業とは関連性のない領収書類も含めてHに渡したほか、同(ロ)のとおり、その面
前で、Hが本件領収書の作成年月日を書き換えて事実を仮装したことを確認し、
Hから、このように事実を仮装することで本件領収書に記載の金額を平成29年
分の必要経費とすることができる旨の説明を受けたにもかかわらず、これを黙
認したものである。

　これらのことからすると、請求人は、仮にHが税理士であると信じたとして
も、通常の注意を払えば、Hが税理士の資格を有しないことを容易に認識する
ことができたというべきであり、本件申告書作成の受任者を誠実に選定せず、
かつ、Hが、請求人の確定申告につき、事実の隠蔽又は仮装行為を行うことを
認識し、又は認識することができたものと認められる。

　加えて、請求人は、上記(2)のイの(ハ)のとおり、平成29年分の法定申告期限を
大幅に徒過した平成30年5月まで、申告状況を確認せず、また、Hが法定申告
期限までに確定申告書を提出しなかったことが判明してからも、申告書の作成
及び提出をHに委任したままにした上、事前に申告書の内容を確認しなかった。

　以上からすると、請求人は、適法な申告がされるようにHを適切に監督せず、
かつ、是正の措置を講ずることができたにもかかわらず、請求人においてこれ
を防止せずに隠蔽、仮装行為が行われ、それに基づいて過少申告がされたもの
と認められる。

　そして、本件全証拠によっても、本件申告書の作成及び提出に係るHの行為
を、請求人の行為と同視することが相当でないとする特段の事情は認められな
い。

　したがって、本件申告書の作成及び提出に係るHの行為は、請求人の行為と
同視することができる。

(ロ)　請求人の主張について

A　請求人は、Hを税理士と信じており、その上で、適切に管理監督していた
　ものの、本件申告書の内容を確認できなかったのであり、Hによる虚偽の申
　告を決して看過したのではないし、また、請求人がHに渡した事業に全く関

係のない領収書類に記載されている金額はごく少額である旨主張する。

　　しかしながら、請求人においてHが税理士の資格を有しないことを容易に認識することができ、請求人が納税申告を委任する者として、受任者を適切に選任していないことは、上記(イ)のとおりである。また、請求人が、適法に申告するようにHを適切に監督していないことも、同(イ)のとおりであり、請求人が本件申告書の内容を事前に確認をすることができないような状況にあったと認めるに足りる証拠もない。

　　なお、請求人がHに渡した事業に関係のない領収書類の金額が少額であったとしても、上記(2)のイの(ロ)のとおり、明らかに事業と関係のない領収書類がHに渡されていたことを考慮すると、上記(イ)の判断が左右されるには足りない。

　　したがって、請求人の主張は採用することができない。

B　請求人は、Hは自己の利益実現のみを目的として請求人を欺き、請求人に内緒で悪質な偽造行為を行ったのであるから、このような特別な事情がある場合において責任を負うべきはHであり、被害者である請求人に過重な責任を強いるべきではない旨主張する。

　　しかしながら、上記1の(3)のチのとおり、本件申告書の提出によって、多額の還付金の受領という利益を得たのは、Hではなく請求人である。そして、請求人が平成29年分の確定申告書の作成及び提出を第三者に委任するにつきその受任者の選任及び監督を怠ったことなどから、Hが本件申告書の作成及び提出をした行為を請求人の行為と同視することができることは、上記(イ)のとおりであるから、請求人は、その責任は免れない。

　　したがって、請求人の主張は採用することができない。

(4)　原処分の適法性について

　　本件申告書の作成及び提出に係るHの行為は、上記(3)のイの(イ)のとおり、平成29年分の源泉徴収税額の過大計上については、通則法第68条第1項に規定する重加算税の賦課要件を満たしているものの、同(3)のイの(ロ)のとおり、平成29年分の事業所得に係る必要経費の過大計上については、同項に規定する重加算税の賦課要件を満たしていない。そして、同(3)のロのとおり、上記源泉徴収税額の過大計上に係るHの行為は請求人の行為と同視することができる。

したがって、平成29年分の所得税等に係る重加算税の賦課決定処分は、その一部を別紙「取消額等計算書」のとおり取り消すべきである。

(5)　結論

　よって、本件審査請求は理由があるから、原処分の一部を取り消すこととする。

別表　審査請求に至る経緯（省略）

別紙　取消額等計算書（省略）

事例7 （重加算税　隠ぺい、仮装の認定　認めなかった事例）

　第三者が何ら根拠のない金額を必要経費として記載した試算表を作成した行為は、過少申告行為とは別の隠ぺい又は仮装行為に該当しないとした事例（平成29年分及び平成30年分の所得税及び復興特別所得税の重加算税の賦課決定処分・一部取消し・令和3年3月24日裁決）

《ポイント》

　本事例は、第三者が何ら根拠のない金額を必要経費として記載した試算表は、当該第三者が請求人の確定申告書を作成するためだけの一時的な補助資料の域を出るものではなく、その作成が、過少申告行為とは別の隠ぺい又は仮装行為に該当すると認めることは困難であるから、重加算税の賦課要件を満たさないとしたものである。

《要旨》

　原処分庁は、請求人の申告書を作成した第三者が、何ら根拠のない金額を必要経費として記載した試算表（本件各試算表）を作成した上で、それを基に作成した確定申告書を提出したことは、請求人の事業所得に係る必要経費の計上について、過少申告行為とは別の隠ぺい又は仮装行為であり、重加算税の賦課要件を満たしている旨主張する。

　しかしながら、当該第三者は、本件各試算表を使用して確定申告書を作成した後には、本件各試算表を保存しておくことなく、不要なものとして処分しており、また、請求人を含む他者に見せることもなかったものである。そうすると、本件各試算表は、当該第三者が確定申告書を作成するためだけの一時的な補助資料の域を出るものではなく、その作成が、過少申告行為とは別の隠ぺい又は仮装行為に該当すると認めることは困難であるから、重加算税の賦課要件を満たさない。

《参照条文等》

　国税通則法第68条第1項

《参考判決・裁決》

　最高裁平成7年4月28日第二小法廷判決（民集49巻4号1193頁）

（令和3年3月24日裁決）

《裁決書（抄）》

1　事　実

(1)　事案の概要

　　本件は、審査請求人（以下「請求人」という。）が、所得税等の修正申告を行ったところ、原処分庁が、請求人から所得税等の確定申告書作成の依頼を受けた第三者が事実を仮装して確定申告書を提出し、当該第三者の行為は請求人の行為と同視できるとして、請求人に対して重加算税の賦課決定処分を行ったのに対し、請求人が、当該確定申告書は上記第三者が独断で作成したものであり、請求人の行為と同視できないなどとして、原処分のうち過少申告加算税相当額を超える部分の取消しを求めた事案である。

(2)　関係法令

　　国税通則法（以下「通則法」という。）第68条《重加算税》第1項は、通則法第65条《過少申告加算税》第1項の規定に該当する場合において、納税者がその国税の課税標準等又は税額等の計算の基礎となるべき事実の全部又は一部を隠蔽し、又は仮装し、その隠蔽し、又は仮装したところに基づき納税申告書を提出していたときは、当該納税者に対し、政令で定めるところにより、過少申告加算税の額の計算の基礎となるべき税額に係る過少申告加算税に代え、当該基礎となるべき税額に100分の35の割合を乗じて計算した金額に相当する重加算税を課する旨規定している。

(3)　基礎事実及び審査請求に至る経緯

　　当審判所の調査及び審理の結果によれば、以下の事実が認められる。

　イ　請求人は、平成27年から、F社（以下「本件法人」という。）が経営するキャバクラ店「G」（以下「本件店舗」という。）において、ホステス業を営んでいた。請求人は、本件法人からホステス業に係る報酬を受領しており、本件法人は、請求人から当該報酬に係る所得税及び復興特別所得税（以下、併せて「所得税等」という。）を源泉徴収していた。

　ロ　請求人は、平成28年分の所得税等の確定申告書については、本件店舗の客であった税理士事務所の事務員にその作成及び提出を依頼し、同事務所所属の税理士は、請求人の事業所得に係る収入金額を○○○○円、必要経費の額を3,397,935円、

— 114 —

所得税等の還付金の額に相当する税額を○○○○円とする所得税等の確定申告書を作成し、これを法定申告期限までに原処分庁に提出した。

ハ 請求人は、平成29年分の所得税等の確定申告書の作成及び提出について、本件店舗の常連客であったHに依頼することとし、平成30年2月8日、Hに対し、平成28年分の所得税等の確定申告書の控え、「確定申告書チェックリスト」と題する書類（以下「本件チェックリスト」という。）、平成29年分の領収書類及び本件法人作成の平成29年分の「ホステス報酬明細書」と題する書面を手交し、確定申告書の作成及び提出に係る費用として27,000円を現金で支払った。

　また、Hは、上記確定申告書の作成及び提出に係る費用27,000円につき、「J」名義の領収書（以下「本件領収書」という。）を作成し、その作成年月日を平成29年12月25日と記載した。

　請求人は、後日、Hに対し、本件法人作成の「平成29年分報酬、料金、契約金及び賞金の支払調書」（支払金額○○○○円、源泉徴収税額○○○○円と各記載されたもの。以下「本件平成29年分真正支払調書」という。）を渡した。

ニ 請求人は、平成29年分の所得税等の確定申告書を法定申告期限までに原処分庁に提出しなかった。

ホ 請求人は、平成30年4月下旬になっても所得税等の還付金が振り込まれなかったことから、同年5月、請求人の平成29年分の所得税等の確定申告書が提出されているかを原処分庁に確認したところ、未提出である旨の回答があったため、Hに対し、同申告書の提出について確認した。

ヘ Hは、請求人に係る本件法人名義の虚偽の内容の「平成29年分報酬、料金、契約金及び賞金の支払調書」（支払金額○○○○円、源泉徴収税額○○○○円と各記載したもの。以下「本件平成29年分虚偽支払調書」という。）を作成の上、別表1の「確定申告」欄のとおり記載した平成29年分の所得税等の確定申告書（以下「本件平成29年分申告書」という。）及び平成29年分所得税青色申告決算書（一般用）（以下「本件平成29年分決算書」という。）を作成し、平成30年5月10日、本件平成29年分虚偽支払調書を添付して、本件平成29年分申告書及び本件平成29年分決算書を原処分庁に提出した。また、Hは、請求人に対し、本件平成29年分申告書の控えの画像データを送信した。

ト 請求人は、平成30年6月5日、本件平成29年分申告書が法定申告期限内に提出

されなかったにもかかわらず、事業所得の金額の計算上、青色申告特別控除額を650,000円と記載していたことから、同控除額を100,000円として、別表1の「修正申告（1回目）」欄のとおり記載した平成29年分の所得税等の修正申告書を提出した。

チ 請求人は、平成30年8月23日頃、Hから、平成28年分の所得税等の確定申告書の控え、本件チェックリスト、平成29年分のホステス報酬明細書及び本件平成29年分真正支払調書の返却を受けた。

リ 請求人は、平成31年1月下旬、Hに対し、平成30年分の所得税等の確定申告書の作成及び提出を依頼し、平成30年分の領収書類、本件法人作成の「平成30年分報酬、料金、契約金及び賞金の支払調書」（支払金額○○○○円、源泉徴収税額○○○○円と各記載されたもの。以下「本件平成30年分真正支払調書」といい、本件平成29年分真正支払調書と併せて「本件各真正支払調書」という。）及び平成30年分の「ホステス報酬明細書」と題する書面を手交し、確定申告書の作成及び提出に係る費用として32,400円を現金で支払った。なお、Hは、当該費用につき、同月26日付の「J」名義の領収書を作成した。

ヌ Hは、請求人に係る本件法人名義の虚偽の内容の「平成30年分報酬、料金、契約金及び賞金の支払調書（支払金額○○○○円、源泉徴収税額○○○○円と各記載したもの。以下「本件平成30年分虚偽支払調書」といい、本件平成29年分虚偽支払調書と併せて「本件各虚偽支払調書」という。）を作成の上、別表2の「確定申告」欄のとおり記載した請求人の平成30年分の所得税等の確定申告書（以下「本件平成30年分申告書」といい、本件平成29年分申告書と併せて「本件各申告書」という。）及び平成30年分所得税青色申告決算書（一般用）（以下、本件平成29年分決算書と併せて「本件各決算書」という。）を作成し、平成31年2月7日、本件平成30年分虚偽支払調書を添付して、本件平成30年分申告書及び上記平成30年分所得税青色申告決算書を原処分庁に提出した。

ル 原処分庁所属の調査担当職員（以下「調査担当職員」という。）は、令和元年5月28日、請求人に対する平成29年分及び平成30年分（以下「本件各年分」という。）に係る所得税等の調査（以下「本件調査」という。）を開始した。

ヲ 請求人は、令和元年6月14日、Hから、平成30年分の領収書類、本件平成30年分真正支払調書及び平成30年分のホステス報酬明細書の返却を受けた。

ワ　請求人は、調査担当職員から修正申告の勧奨を受け、令和元年10月31日、K税理士を税務代理人として、平成29年分の所得税等について、別表１の「修正申告（２回目）」欄のとおり記載した修正申告書を、平成30年分の所得税等について、別表２の「修正申告」欄のとおり記載した修正申告書を、それぞれ提出した。

カ　原処分庁は、令和元年11月29日付で、上記ワの本件各年分の各修正申告書について、別表１及び別表２の各「賦課決定処分」欄のとおり、重加算税の各賦課決定処分（原処分）をした。

ヨ　請求人は、原処分の一部（過少申告加算税相当額を超える部分）について不服があるとして、令和２年１月15日に審査請求をした。

2　争　点

請求人について、通則法第68条第１項に規定する事実の隠蔽又は仮装行為があったか否か。

(1)　Hは、請求人の本件各年分の事業所得に係る必要経費の過大計上につき、事実の隠蔽又は仮装行為を行ったか否か。

(2)　本件各申告書の提出に係るHの行為は、請求人の行為と同視できるか否か。

3　争点についての主張

原処分庁	請求人
(1)　事実の隠蔽又は仮装行為について 　以下のとおり、Hは、請求人の本件各年分の事業所得に係る必要経費の計上につき、事実の隠蔽又は仮装行為を行った。 イ　Hは、本件各年分において、請求人からの所得税等の確定申告書の作成依頼を受けて、源泉徴収税額を実際より多く記載した本件各虚偽支払調書を偽造したほか、適当に調整した金額を必要経費に算入した試算表（以下「本件各試算表」という。）をそれぞれ作成	(1)　事実の隠蔽又は仮装行為について 　以下のとおり、請求人の本件各年分の事業所得に係る必要経費の計上につき、事実の隠蔽又は仮装行為はない。 イ　そもそも、本件各試算表の存在は確認されておらず、その存在の裏付けは、信用できないHの申述のみである。そして、①請求人はHに本件各試算表の作成を指示しておらず、Hは、任意の金額を本件各決算書に記載するだけで、本件各申告書を作成でき、試

— 117 —

した上で、これらに基づいて本件各申告書を作成し、原処分庁に提出した。

したがって、Hは、必要経費の計上についても、事実の隠蔽又は仮装行為を行ったものである。

なお、上記の申告書の作成に係るHの申述は、具体的かつ客観的な証拠による裏付けもあり、信用できるから、請求人に係る本件各試算表が存在していたことは明らかである。

ロ　何ら根拠のない金額を必要経費として記載した本件各試算表を作成した上で、それを基に作成した本件各決算書及び本件各申告書を提出した本件は、請求人の主張する「過少申告行為そのものであって、過少申告の意図を外部からもうかがい得る特段の行動に当たるとは評価できない」場合には該当しない。

算表を作成する必要はなかったこと、②Hから返却を受けた領収書の状態等からすれば、Hが当該領収書を参考にした形跡がないこと、③他のホステスの試算表があったとしても、請求人の試算表があるとはいえないこと、④Hの使用していたパソコンは、試算表がなくても青色申告決算書を作成できることからしても、Hが本件各試算表を作成し、それに基づいて本件各申告書が提出されたということはできない。

ロ　仮に本件各試算表が作成されていたとしても、Hは、請求人に対して必要経費の聞き取りを行っておらず、本件各試算表に計上した金額は、何ら根拠のない金額である。このような場合は、公表裁決にあるように、過少申告行為そのものであって、過少申告の意図を外部からもうかがい得る特段の行動に当たるとは評価できない。

そうすると、必要経費の計上について、隠蔽又は仮装行為はないというべきである。

(2)　Hの行為と請求人の行為との同視について

納税者は、他人に申告を委任する場合に、誠実に受任者を選任し、適法に申告するように受任者を監視・監督すべきところ、以下のとおり、請求人はこれを怠

(2)　Hの行為と請求人の行為との同視について

以下のとおり、Hの行為は、請求人の行為と同視することができない。

ったといえるから、Hの行為は、請求人
の行為と同視することができる。

イ　請求人は、Hから自身に委任すれば
　所得税等の還付金の額が多くなる旨の
　発言を聞いており、いかなる手段によ
　るかを問わず、自らが受領する所得税
　等の還付金が増加することのみを期待
　して、税理士の資格を有していないH
　に対し、申告手続を包括的に委任し
　た。

　　なお、Hの言動等からしても、Hが
　税理士であることを信じるに足りる状
　況は見当たらない。

ロ　請求人は、本件領収書の日付欄の改
　ざんを黙認し、生活費等も経費に算入
　する旨のHの甘言に乗って事業に全く
　関係のない支払や他人名義の支払に係
　る領収書をHに手渡すなど、Hが隠蔽
　又は仮装行為により所得税等の還付金
　を増やす可能性を予想し得ただけでな
　く、自らそれに沿う行動をしていた。

　　また、請求人は、本件各申告書の内
　容を提出前に確認せず、提出後も、収
　入金額がさほど増加していないにもか
　かわらず平成28年分よりも○○○○円
　程度増加した所得税等の還付金を受領
　するなど、本件平成29年分申告書に不
　自然な点があったにもかかわらず、H

イ　請求人は、従前、本件店舗の客であ
　った税理士事務所の事務員を介して確
　定申告を行っていたところ、同じく本
　件店舗の客であったHから、平成28年
　分の所得税等の還付金が少なすぎる、
　前の税理士は仕事ができないなどと言
　われて申告手続の委任を勧誘され、税
　理士業務ができるような名刺を見せら
　れるなどしたことから、Hを税理士と
　信じて本件各申告書の作成及び提出を
　依頼したもので、Hに対しては、適正
　に申告するように指示していた。

ロ　請求人は、平成30年2月8日、Hと
　面談した際に期限内申告を指示するな
　ど、Hを適切に管理監督していた。

　　しかし、Hは、税理士の資格がない
　ことを隠すため、請求人に申告内容の
　確認を求めることなく、本件各申告書
　を原処分庁に提出し、本件各虚偽支払
　調書を添付した本件各申告書の控えや
　Hに預けた本件各真正支払調書等を直
　ちに返却しなかったことから、請求人
　は、本件各虚偽支払調書の添付の事実
　を含めて本件各申告書の内容を確認で
　きなかったのであり、決して看過した
　のではないし、請求人は、上記イのと
　おり、Hを税理士と信じていたことか

に当該申告書の控えの返却すら求め
ず、更には、多額の所得税等の還付金
を得るために、本件平成30年分申告書
についてもHに作成及び提出を依頼し
た。

　このように、請求人は、Hが隠蔽又
は仮装行為により本件各申告書を提出
することを了知し、又は容易に了知す
ることができたにもかかわらず、その
提出を黙認し、提出後においても、本
件各申告書の内容の是正を怠った。

ら、Hがこれまでの税理士以上に頑張
ってくれたために従前よりも多くの所
得税等の還付金を受領できたと考えた
のであり、虚偽の申告を黙認していた
わけではない。

　また、本件領収書に記載の金額が本
件平成29年分決算書に必要経費として
計上されていたかは確認できないか
ら、本件領収書の作成年月日の改ざん
行為をもって、請求人がHの隠蔽又は
仮装行為を予想できたとはいえない。

　さらに、請求人は、経費の領収書に
ついて、Hから、仕事に関する領収書
を集めるように言われたものであり、
事業に全く関係のない支払や他人名義
の支払に係る領収書でもよいと聞いた
ことはない。なお、家事費の領収書は
紛れ込んだかもしれないが、平成29年
分の領収書は所在不明で、平成30年分
の領収書はHによって他の事業者の領
収書が混入された可能性が高いのであ
って、請求人がHの発言に沿って、上
記のような関係のない領収書を提出し
た事実はない。

ハ　本件各申告書の提出により利益を享
　受したのは、所得税等の還付金を多額
　に受領した請求人である。他方、Hに
　は、請求人の要望もないままに虚偽の
　支払調書の作成を含めた一連の行為に

ハ　Hは、自己の利益実現のみを目的と
　して、上記ロのとおり、請求人を欺
　き、請求人に内緒で悪質な偽造行為を
　行ったものであり、このような特別な
　事情がある場合において、責任を負う

より本件各申告書を提出する合理的な理由は存在せず、自己の利益実現のみを目的としていたとは認められないし、仮にそうであったとしても、請求人がHの監督等を怠った事実に変わりはない。 　また、Hは、請求人に対して本件平成29年分申告書の控えの画像データを送信していることからも、本件各申告書の内容を請求人に秘匿する意図はうかがえず、請求人を欺き、請求人に内緒で申告手続を行ったとはいえない。	べきはHであり、被害者である請求人に過重な責任を強いるべきではない。

4　当審判所の判断

(1)　法令解釈

　イ　通則法第68条第1項に規定する重加算税の制度は、納税者が過少申告をするについて隠蔽、仮装という不正手段を用いていた場合に、過少申告加算税よりも重い行政上の制裁を科すことによって、悪質な納税義務違反の発生を防止し、もって申告納税制度による適正な徴税の実現を確保しようとするものである。

　　　したがって、重加算税を課するためには、納税者のした過少申告行為そのものが隠蔽、仮装に当たるというだけでは足りず、過少申告行為そのものとは別に、隠蔽、仮装と評価すべき行為が存在し、これに合わせた過少申告がされたことを要するものである（最高裁平成7年4月28日第二小法廷判決・民集49巻4号1193頁参照）。

　ロ　また、通則法第68条第1項は、「納税者が…隠蔽し、又は仮装し」と規定し、隠蔽、仮装行為の主体を納税者としているものの、納税者が第三者にその納税申告を委任し、その受任者が隠蔽、仮装行為を行った場合であっても、上記の重加算税制度の趣旨及び目的からすれば、それが納税者本人の行為と同視することができるときには、重加算税を賦課することができるというべきである。

　　　すなわち、申告納税制度の下においては、納税者は、納税申告を第三者に委任

したからといって、自身の適法に申告する義務を免れるものではなく、適切に受任者を選任し、適法に申告するように受任者を監督して、自己の申告に遺漏がないようにすべきものである。そして、納税者が、これらを怠って、当該受任者が隠蔽、仮装行為を行うこと若しくは行ったことを認識し、又は認識することができ、その是正の措置を講ずることができたにもかかわらず、納税者においてこれを防止せずに隠蔽、仮装行為が行われ、それに基づいて過少申告がされた場合は、特段の事情がない限り、当該受任者の行為を納税者本人の行為と同視することができ、重加算税を賦課することができると解するのが相当である。

(2) 認定事実

請求人提出資料、原処分関係資料並びに当審判所の調査及び審理の結果によれば、次の事実が認められる。

イ 請求人のHへの確定申告書作成依頼の経緯等

(イ) 請求人は、上記1の(3)のロのとおり、平成28年分の所得税等の確定申告書の作成及び提出については、税理士に依頼していたが、平成29年分の所得税等の確定申告については、本件店舗の常連客であったHから、自身に確定申告書の作成を依頼すれば、領収書類を受け取った分だけ経費を計算し、平成28年分より納める税金が安くなる、申告書の作成報酬も安いなどと言われたことから、同(3)のハのとおり、平成29年分の所得税等の確定申告書の作成及び提出をHに依頼することとした。

(ロ) 請求人は、Hから、上記(イ)のとおり、受け取った分だけ経費にするとして、多くの領収書類を渡すように指示を受け、上記1の(3)のハのとおり、平成30年2月8日、Hと喫茶店で面会した際、Hに対し、本件チェックリスト等とともに、Hの上記指示に沿って、多数の領収書類を渡した。また、請求人は、同ハのとおり、同日、確定申告書の作成及び提出に係る費用を支払って、Hから「J」名義の本件領収書を受け取った際、Hから、本件領収書の作成年月日を平成29年12月25日とした理由について、領収日付を平成29年中とすることによって同年分の必要経費として計上することができる旨の説明を受けた。

請求人は、後日、Hに対し、本件平成29年分真正支払調書を渡した。

(ハ) Hは、法定申告期限である平成30年3月15日までに、請求人の平成29年分の所得税等の確定申告書を提出しなかったところ、請求人は、上記1の(3)のホの

とおり、還付金が振り込まれなかったことから、原処分庁に確認して、申告書が提出されていないことを知り、平成30年5月になって初めて、Hに、その旨を確認した。そして、Hは、同(3)のへのとおり、同月10日、本件平成29年分虚偽支払調書を添付して、本件平成29年分申告書等を原処分庁に提出したが、請求人は、事前に当該申告書等の内容を確認することはなく、申告書等の提出後に、Hから当該申告書の控えの画像データを受信した。

(ニ) 請求人は、本件平成29年分申告書の提出によって受領した還付金が、税理士に作成を依頼した平成28年分の所得税等の確定申告書の提出によって受領した還付金と比べて○○○○円程度多かったことから、平成30年分の所得税等の確定申告書の作成及び提出についても、引き続きHに依頼することとした。

(ホ) そこで、請求人は、上記1の(3)のリのとおり、平成31年1月下旬頃、Hに対し、本件平成30年分真正支払調書等とともに、上記(ロ)と同様に、Hの指示に沿って、多数の領収書類を渡し、確定申告書の作成及び提出に係る費用を支払って、「J」名義の領収書を受け取った。

(ヘ) Hは、上記1の(3)のヌのとおり、平成31年2月7日、本件平成30年分虚偽支払調書を添付して、本件平成30年分申告書等を原処分庁に提出したが、請求人は、当該申告書等についても、その内容を事前に確認することはなかった。なお、本件各虚偽支払調書には、いずれにも請求人の名前の「○○」の字が「○」と誤って記載されていた。そして、請求人は、本件平成30年分申告書の提出により、平成28年分よりも○○○○円程度多い還付金を受領した。

(ト) 請求人は、上記1の(3)のヲのとおり、本件調査開始後の令和元年6月14日、Hから、平成30年分の領収書類等の返却を受けたところ、その中には、事業との関連が不明なもののみならず、支払者が請求人でないものや、事業用ではないことが明らかなもの（旅行代金やテーマパークでの支払、ファーストフード店等での飲食費、日用品や請求人の子の学校関連の支払等に係るもの）が多数含まれていた。

(チ) 請求人がHから示された名刺には、Hの肩書として、「J」の「所長」と記載され、同事務所の業務として、「起業支援・会計記帳・就労ビザ書類代行・経営指導・販売促進企画」と付記されているのみで、Hが税理士であることを示す記載も、税理士業務を行っていることを示す記載も、全くなかった。さら

に、Hは、占い師の肩書の名刺も使用していたが、当該名刺にも、税理士業務に関する記載は全くなかった。

　また、請求人がHから受け取った本件領収書にも、作成者として「J」と記載されているのみで、税理士業務に関する記載は全くなかった。

ロ　Hによるホステスらの確定申告書等の作成状況等

(イ)　Hは、平成29年末頃、帳簿や試算表の作成などの記帳代行業を営むLと相談し、キャバクラ店に在籍するホステスらの歓心を得るため、税理士の資格を有さず、税務の専門知識もなかったものの、安い報酬で還付金を多くすると触れ込んで、請求人を含む複数のホステスから、所得税等の確定申告書の作成及び提出の依頼を受けた。もっとも、Hは、当初は、従前よりLが記帳代行した帳簿や試算表を渡して所得税等の確定申告書の作成を依頼していた税理士に、Hが作成した試算表や確定申告書を渡してその内容を確認してもらい、当該申告書を、同税理士に署名押印をしてもらった上で、税務署に提出することを予定していた。

　しかし、その後、Hは、請求人とは異なる一人目のホステスの試算表及び確定申告書を作成した時点で、上記税理士から上記の確定申告書の内容確認等を断られたため、税理士の関与を経ないまま、請求人を含むホステスらの確定申告書を税務署に提出することとした。

(ロ)　Hは、ホステスの所得税等の確定申告書の作成について、①各ホステスから受領した本件法人作成の「ホステス報酬明細書」と題する書類及び「報酬、料金、契約金及び賞金の支払調書」（支払調書）により、収入金額及び源泉徴収税額を把握し、②各ホステスに「確定申告チェックリスト」と題する書類を作成させて、その住所、氏名、地代家賃、所得控除などを把握し、③各ホステスにあらゆる領収書類を集めて渡すように指示してこれを受領し、④上記①から③までの資料を集計しつつも、実際に支払のない経費も更に計上するなどして、パソコンで試算表（表計算ソフトに売上や各経費の項目ごとの金額を入力して一覧表にしたもの。）を作成し、⑤上記①の支払調書に記載された源泉徴収税額よりも過大な金額を記載した虚偽の支払調書を作成し、⑥上記②の「確定申告チェックリスト」、上記④の試算表及び上記⑤の虚偽の支払調書に基づいて、確定申告書や決算書を作成する、という手順で行っていた。

(ハ)　Hは、請求人の確定申告についても、請求人を喜ばせるため、請求人が得る所得税等の還付金を増加させるべく、基本的に、上記(ロ)と同様の手順で、本件各申告書及び本件各決算書を作成し、税理士の関与を経ないまま、原処分庁に提出した。

なお、Hは、本件各申告書に係る試算表（本件各試算表）もパソコンで作成したが、本件各申告書の作成後には、もはや必要がないと考え、そのデータを削除し、また、これを紙に出力したものも保管せず、請求人を含めた他者に見せることもなかった。

(3)　検討

イ　Hの隠蔽又は仮装行為について

(イ)　本件各虚偽支払調書の作成について

Hは、上記1の(3)のヘ及びヌ並びに上記(2)のロのとおり、過大な源泉徴収税額を記載した本件各虚偽支払調書を作成した上で、これに基づいて本件各申告書を作成し、本件各申告書に本件各虚偽支払調書を添付して原処分庁に提出しており、この本件各虚偽支払調書の作成行為は、過少申告行為そのものとは別の隠蔽又は仮装行為に該当する。

(ロ)　必要経費の過大計上について（争点の(1)）

まず、上記1の(3)のロ、ハ及びリからすると、平成28年分よりも本件各年分の方が請求人の事業所得の収入金額が減少していると認められるにもかかわらず、税理士が作成した請求人の平成28年分の所得税等の確定申告書よりも本件各申告書の方が必要経費の金額が1,500,000円以上も多額となっている一方、本件各年分において、必要経費が増大するような特別な事情があったことをうかがわせる証拠はなく、請求人自身、本件調査を受けて、上記1の(3)のワのとおり、各修正申告をしたことからすると、本件各申告書及び本件各決算書に記載の必要経費の金額が過大であったことは優に認められる。

そして、本件各試算表は、現時点では存在しないものの（上記(2)のロの(ハ)）、Hは、同ロの(イ)及び(ロ)のとおり、本件各年分において、複数のホステスにつき、同(ロ)の①から⑥の手順で源泉徴収税額及び必要経費を過大計上して、不正に還付金の額を増加させた確定申告書を作成しており、請求人についても、その還付金の額を不正に増加させるべく、同様の手順で、本件各試算表を作成の上、

本件各申告書及び本件各決算書を作成して原処分庁に提出したと認められるから（同ロの㈜。なお、Hは、本件調査において、請求人も含むホステスらの確定申告書の作成につき、同ロの㈹の①から⑥の手順で行った旨申述したところ、当該申述は、たまたま消去されずに残存していた請求人以外のホステスに係る試算表の内容（原処分関係資料）のほか、上記１の⑶のハ及びリのとおりの請求人とHとのやりとりや本件各虚偽支払調書の作成状況とも整合するものであり、請求人のみ異なる手順をとる事情もうかがわれないことからすると、信用することができるものである。）、本件各試算表は、本件各申告書及び本件各決算書と同様に、架空の過大な必要経費の額が記載され、事実がわい曲されたものであったと認められる。

　しかしながら、上記⑴のイのとおり、重加算税を課するためには、過少申告行為そのものとは別に、隠蔽又は仮装と評価すべき行為が存在する必要があるところ、上記⑵のロの㈜のとおり、Hは、本件各試算表を使用して本件各決算書及び本件各申告書を作成した後には、本件各試算表を保存しておくことなく、不要なものとしてそのデータを削除しており、また、請求人を含む他者に見せることもなかったものである。なお、同ロの㈸のとおり、Hは、当初は税理士にホステスに係る試算表を渡す予定であったことは認められるものの、一人目の試算表等を作成した時点で当該税理士から早々に断られており、それより前に、請求人に係る平成29年分の試算表が作成されていたことを認めるに足りる証拠はなく、さらに、平成30年分の試算表については、そもそも税理士への提示が予定されていなかったことは明らかであり、少なくとも、請求人に係る本件各試算表については、税理士等他者への提示や保存が予定されていたものとは認められない。そうすると、本件各試算表は、H自身が本件各申告書を作成するためだけに一時的に利用した補助資料の域を出るものではないというほかなく、本件各試算表の作成が、本件各申告書の作成及び提出とは別の行為に該当すると認めることは困難である。

　以上からすると、本件試算表における必要経費の過大計上は、過少申告行為である本件各申告書の作成及び提出行為とは別の行為とはいえず、よって、Hが、請求人の本件各年分の事業所得に係る必要経費の計上につき、過少申告行為そのものとは別に、事実の隠蔽又は仮装と評価すべき行為を行ったとはいえ

ない。

  (ハ) 原処分庁の主張について

    原処分庁は、Hは、何ら根拠のない金額を必要経費として記載した本件各試
算表を作成した上で、それを基に作成した本件各決算書及び本件各申告書を提
出したから、請求人の本件各年分の事業所得に係る必要経費の計上につき事実
の隠蔽又は仮装を行ったといえ、このことは、請求人の主張する「過少申告行
為そのものであって、過少申告の意図を外部からもうかがい得る特段の行動に
当たるとは評価できない」場合には該当しない旨主張する。

    しかしながら、本件各試算表の作成行為が過少申告行為そのものとは別の行
為とはいえないことは、上記(ロ)のとおりであって、これを覆すに足りる証拠は
ない。そして、本件全証拠によっても、H又は請求人に、過少申告の意図を外
部からもうかがい得る特段の行動があったと認めるに足りる証拠もないから、
原処分庁の主張は採用することができない。

ロ 本件各申告書の提出に係るHの行為は、請求人の行為と同視できるか否かにつ
いて（争点の(2)）

  (イ) 上記(1)のロで述べたところに従い、Hの上記イの(イ)の行為を請求人の行為と
同視することができるかにつき、以下検討する。

    この点、まず、請求人は、税理士資格を有しないHに対し、本件各申告書の
作成及び提出を委任したものである。そして、請求人は、Hが税理士と信じた
と主張し、その根拠として、Hから税理士業務ができるような名刺を見せられ
たと指摘するところ、上記(2)のイの(チ)のとおり、Hの名刺やHが渡した本件領
収書にすら、Hが税理士であることや税理士業務を行っていることを示す記載
は全くなく、その他、本件全証拠によっても、本件各申告書の提出前の時期に、
Hが税理士であると信じるに足りる事情があったことはうかがわれない。

    また、上記(2)のイの(イ)のとおり、Hは、請求人の依頼を受けるに際し、安い
報酬で領収書を受け取った分だけ経費を計算すると述べるなど、一般的な税理
士であればしないような言動をしており、さらに、請求人は、同(2)のイの(ロ)、
(ホ)及び(ト)からすると、このようなHの指示に沿って、明らかに事業とは関連性
のない領収書類も含めてHに渡したと認められる（なお、Hが上記発言をした
こと及び請求人がこのような領収書類を渡したことは、本件調査において、請

求人、H及びLが一致してHが上記趣旨の発言をした旨申述しており、これら
の申述の信用性に疑義を生じさせる具体的事情はうかがわれないこと、また、
同(2)のイの(ト)のとおり、残存している平成30年分の請求人の領収書だけでも、
旅行代金やテーマパークでの支払、ファーストフード店等での飲食費、日用品
や請求人の子の学校関連の支払など明らかに事業と関連性のないものが多数含
まれており、これらの領収書類の全てが、請求人がHに渡したものではないと
認めるに足りる証拠はないことから、上記のとおり認定することができる。)
ほか、請求人は、同イの(ロ)のとおり、その面前で、Hが本件領収書の作成年月
日を偽って事実を仮装したことを確認し、Hから、このように事実を仮装する
ことで本件領収書に記載の金額を平成29年分の必要経費とすることができる旨
の説明を受けたにもかかわらず、これを黙認したものである。

　これらのことからすると、請求人は、仮にHが税理士であると信じたとして
も、通常の注意を払えば、Hが税理士の資格を有しないことを容易に認識する
ことができたというべきであり、本件各申告書作成の受任者を誠実に選定せず、
かつ、Hが、請求人の確定申告につき、事実の隠蔽又は仮装行為を行うことを
認識し、又は認識することができたものと認められる。

　加えて、上記(2)のイの(ハ)、(ホ)及び(ヘ)のとおり、請求人は、平成29年分の法定
申告期限を大幅に徒過した平成30年5月まで、Hに対して申告状況を確認せず、
また、Hが法定申告期限までに確定申告書を提出しなかったことが判明してか
らも、申告書の作成及び提出をHに委任したままにした上、事前に申告書の内
容を確認せず、さらに、平成30年分の確定申告についても、上記のような平成
29年分の確定申告時の状況がありながらも、Hに申告書の作成と提出を再び依
頼し、事前に申告書の内容を確認しなかった。

　以上からすると、請求人は、適法な申告がされるようにHを適切に監督せず、
かつ、是正の措置を講ずることができたにもかかわらず、請求人においてこれ
を防止せずに隠蔽、仮装行為が行われ、それに基づいて過少申告がされたもの
と認められる。

　そして、本件全証拠によっても、本件各申告書の作成及び提出に係るHの行
為を、請求人の行為と同視することが相当でないとする特段の事情は認められ
ない。

したがって、本件各申告書の作成及び提出に係るHの行為は、請求人の行為と同視することができる。

(ロ) 請求人の主張について

A 請求人は、Hを税理士と信じており、その上で、適切に管理監督していたものの、本件各申告書の内容を確認できなかったのであり、Hによる虚偽の申告を看過したのではないし、また、本件領収書の作成年月日の改ざん行為をもって請求人がHの隠蔽又は仮装行為を予想できたとはいえず、さらに、Hから事業に全く関係のない支払や他人名義の支払に係る領収書でもよいと聞いたこともなく、そのような領収書を提出した事実もない旨主張する。

しかしながら、請求人においてHが税理士の資格を有しないことを容易に認識することができ、請求人が納税申告を委任する者として、受任者を適切に選定していないことは、上記(イ)のとおりである。また、請求人が、適法に申告するようにHを適切に監督していないことも、上記(イ)のとおりであり、請求人が本件各申告書の内容を事前に確認することができないような状況にあったと認めるに足りる証拠もない。

そして、Hが請求人に対して領収書を提出した分だけ経費も計算すると述べたと認められるのは上記(2)のイの(イ)及び上記(イ)のとおりであって、現に、請求人がHから返却を受けた平成30年分の領収書類には、上記(2)のイの(ト)のとおり、事業用ではないことが明らかなものが含まれているところ、請求人がHに渡す領収書類を適切に選別したというのであれば、このような領収書類が誤って混入するとは通常は考えがたいことからしても、領収書類の提出に係る請求人の上記主張は、前記判断を左右しない。

したがって、請求人の主張は採用することができない。

B 請求人は、Hは自己の利益実現のみを目的として請求人を欺き、請求人に内緒で悪質な偽造行為を行ったのであるから、このような特別な事情がある場合において責任を負うべきはHであり、被害者である請求人に過重な責任を強いるべきではない旨主張する。

しかしながら、上記(2)のイの(ニ)及び(ハ)のとおり、本件各申告書の提出によって、多額の還付金の受領という利益を得たのは、Hではなく請求人である。そして、請求人が本件各年分の確定申告の作成及び提出を第三者に委任す

るにつきその受任者の選任及び監督を怠ったことなどから、Hが本件各申告書の作成及び提出をした行為を請求人の行為と同視することができることは、上記(イ)のとおりであるから、請求人は、その責任は免れない。

　　　したがって、請求人の主張は採用することができない。

(4)　原処分の適法性について

　　　本件各申告書の作成及び提出に係るHの行為は、上記(3)のイの(イ)のとおり、本件各年分の源泉徴収税額の過大計上については、通則法第68条第1項に規定する重加算税の賦課要件を満たしているものの、同(3)のイの(ロ)のとおり、本件各年分の事業所得に係る必要経費の過大計上については、同項に規定する重加算税の賦課要件を満たしていない。そして、同(3)のロのとおり、上記本件各年分の源泉徴収税額の過大計上に係るHの行為は、請求人の行為と同視することができる。

　　　したがって、本件各年分の所得税等に係る重加算税の各賦課決定処分は、いずれもその一部を別紙1及び別紙2の各「取消額等計算書」のとおり取り消すべきである。

(5)　結論

　　　よって、本件審査請求は理由があるから、原処分の一部をそれぞれ取り消すこととする。

別表1　審査請求に至る経緯（平成29年分）（省略）

別表2　審査請求に至る経緯（平成30年分）（省略）

別紙1から2　取消額等計算書（省略）

二 所得税関係

〈令和 3 年 1 月〜3 月分〉

事例8 （同業者率を用いた推計の合理性　同業者との業種業態の相違）

　　請求人の事業所得の金額を推計するに当たり、原処分庁が採用した類似同業者の抽出基準及び抽出方法に一応の合理性があるとした事例（①平成26年分、平成28年分、平成29年分及び平成30年分の所得税及び復興特別所得税の各決定処分並びに無申告加算税の各賦課決定処分、②平成27年分の所得税及び復興特別所得税の決定処分、③平成26年1月1日から平成26年12月31日まで、平成27年1月1日から平成27年12月31日まで、平成28年1月1日から平成28年12月31日まで、平成29年1月1日から平成29年12月31日まで及び平成30年1月1日から平成30年12月31日までの各課税期間の消費税及び地方消費税の各決定処分並びに無申告加算税の各賦課決定処分・①一部取消し、棄却、②一部取消し、③一部取消し、棄却・令和3年3月4日裁決）

《ポイント》

　本事例は、推計の基礎数値である収入金額の異動により、審判所の認定額が原処分額を下回ったため、原処分の一部を取り消したものである。

《要旨》

　請求人は、請求人の事業は自動車整備業のみで、自動車販売は附帯的に行っているだけであるから、原処分庁が、自動車整備業及び自動車販売業を営む者を類似同業者の抽出基準としていることには合理性がない旨主張する。

　しかしながら、請求人は、自動車整備業だけでなく自動車の販売も行っていると認められる以上、原処分庁が、類似同業者の抽出基準において、自動車整備業及び自動車販売業を営む者を請求人の類似同業者としたことは相当である。なお、請求人の収入金額の異動により、審判所の認定額が原処分額を下回ったため、原処分の一部を取り消した。

《参照条文等》

　所得税法第156条

（令和3年3月4日裁決）

《裁決書（抄）》

1 事　実

（1）事案の概要

　　本件は、自動車整備業等を営む審査請求人（以下「請求人」という。）が、所得税等及び消費税等について確定申告をしていなかったところ、原処分庁が、原処分に係る調査時に帳簿書類等の提示要求をしたにもかかわらず、請求人は帳簿書類等の提示をしなかったため、推計の方法により事業所得の金額を計算し原処分を行ったことに対し、請求人が、原処分庁所属の調査担当職員が行った調査終了の際の手続には違法がある旨、また、上記推計の方法には合理性がない旨等を主張して、原処分の全部の取消しを求めた事案である。

（2）関係法令等の要旨

　イ　国税通則法（以下「通則法」という。）第74条の11《調査の終了の際の手続》第2項は、国税に関する調査の結果、更正決定等をすべきと認める場合には、当該職員は、当該納税義務者に対し、その調査結果の内容を説明するものとする旨規定し、同条第3項は、同条第2項の規定による説明をする場合において、当該職員は、当該納税義務者に対し修正申告又は期限後申告を勧奨することができるが、この場合において、当該調査の結果に関し当該納税義務者が納税申告書を提出した場合には不服申立てをすることはできないが更正の請求をすることはできる旨を説明するとともに、その旨を記載した書面を交付しなければならない旨規定している。

　ロ　平成24年9月12日付課総5－11ほか9課共同「調査手続の実施に当たっての基本的な考え方等について（事務運営指針）」（以下「本件事務運営指針」という。）は、要旨次のとおり定めている。

　　（イ）本件事務運営指針の趣旨

　　　　本件事務運営指針は、法令を遵守した適正な調査の遂行を図るため、調査手続の実施に当たっての基本的な考え方等を定めたものである。

　　（ロ）本件事務運営指針の別冊の第2章の4の(2)《調査結果の内容の説明等》

　　　　調査の結果、更正決定等をすべきと認められる非違がある場合には、通則法第74条の11第2項に基づき、納税義務者に対し、当該非違の内容等（税目、課

— 136 —

税期間、更正決定等をすべきと認める金額、その理由等）について原則として口頭により説明する旨、その際には、必要に応じ、非違の項目や金額を整理した資料など参考となる資料を示すなどして、納税義務者の理解が得られるよう十分な説明を行うとともに、納税義務者から質問等があった場合には分かりやすく回答するよう努める旨、また、併せて、納付すべき税額及び加算税のほか、納付すべき税額によっては延滞税が生じることを説明するとともに、当該調査結果の内容の説明等をもって原則として一連の調査手続が終了する旨を説明する旨定めている。

ハ 所得税法第156条《推計による更正又は決定》は、税務署長は、居住者に係る所得税につき更正又は決定をする場合には、その者の財産若しくは債務の増減の状況、収入若しくは支出の状況又は生産量、販売量その他の取扱量、従業員数その他事業の規模によりその者の各年分の各種所得の金額又は損失の金額を推計して、これをすることができる旨規定している。

(3) 基礎事実及び審査請求に至る経緯

当審判所の調査及び審理の結果によれば、以下の事実が認められる。

イ 請求人は、自動車整備業等（以下「本件事業」という。）を営む個人事業者であり、屋号を「Ｙ３」とし、また、請求人名義（Ｙ４名義を含む。）及び従業員である請求人の実弟のＹ５の名義を使用して取引を行っている。

ロ 本件事業に係る売上げの決済は、主に以下の各金融機関の預金口座（以下「本件売上入金口座」という。）への振込みの方法によっている。

(イ) Ｙ６銀行○○支店Ｙ３代表Ｙ４名義普通預金口座（口座番号○○○○）

(ロ) Ｙ６銀行○○支店Ｙ３代表Ｙ５名義普通預金口座（口座番号○○○○）

(ハ) Ｙ６銀行○○支店Ｙ５名義普通預金口座（口座番号○○○○）

(ニ) Ｙ６銀行○○支店Ｙ５名義普通預金口座（口座番号○○○○）

(ホ) Ｙ７銀行○○支店Ｙ１名義普通預金口座（口座番号○○○○）

(ヘ) Ｙ７銀行○○支店Ｙ５名義普通預金口座（口座番号○○○○）

(ト) Ｙ８銀行Ｙ１名義普通預金口座（口座番号○○○○）

(チ) Ｙ８銀行Ｙ１名義普通預金口座（口座番号○○○○）

ハ 請求人は、平成21年頃に事業を開始して以降、所得税及び復興特別所得税（以下「所得税等」という。）並びに消費税及び地方消費税（以下「消費税等」とい

う。）の確定申告書を提出していなかった。

　　また、請求人は、本件事業を営む上で作成した見積書、請求書、納品書及び領収証等（以下「本件書類」という。）については、具体的時期は必ずしも明らかではないが、遅くとも原処分に係る税務調査（以下「本件調査」という。）開始時までにはその全てを廃棄していたものと認められ、また、帳簿（以下、本件書類と併せて「本件帳簿書類」という。）については、その作成、保存もしていなかった。

ニ　原処分庁所属の調査担当職員（以下「本件調査担当職員」という。）は、令和元年９月３日、肩書地に臨場し本件調査を開始し、請求人に対して本件帳簿書類の提示を求めたところ、請求人は、上記ハのとおり、本件帳簿書類の作成、保存はしていないとして、本件調査担当職員にその提示をしなかったため、同職員は、その確認をすることはできなかった。

ホ　原処分庁は、本件調査担当職員の請求人に対する平成26年分、平成27年分、平成28年分、平成29年分及び平成30年分（以下「本件各年分」という。）の所得税等並びに平成26年１月１日から平成26年12月31日まで、平成27年１月１日から平成27年12月31日まで、平成28年１月１日から平成28年12月31日まで、平成29年１月１日から平成29年12月31日まで及び平成30年１月１日から平成30年12月31日までの各課税期間（以下、順次「平成26年課税期間」、「平成27年課税期間」、「平成28年課税期間」、「平成29年課税期間」、「平成30年課税期間」といい、これらを併せて「本件各課税期間」という。）の消費税等に係る本件調査の結果に基づき、本件各年分の請求人の所得税等に係る事業所得の金額を推計の方法によって算定し、令和２年３月10日付で、別表１の「決定処分等」欄のとおり本件各年分の所得税等の各決定処分（以下「本件所得税等各決定処分」という。）並びに平成26年分、平成28年分、平成29年分及び平成30年分の無申告加算税の各賦課決定処分（以下「本件所得税等各賦課決定処分」という。）をした。

　　また、原処分庁は、同日付で、別表２の「決定処分等」欄のとおり、本件各課税期間の消費税等の各決定処分（以下「本件消費税等各決定処分」という。）及び無申告加算税の各賦課決定処分（以下「本件消費税等各賦課決定処分」という。）をした。

ヘ　請求人は、原処分を不服として、令和２年３月11日に審査請求をした。

2 争 点

(1) 本件調査の終了の際の手続に原処分の取消事由となる違法又は不当があるか否か
（争点１）。

(2) 事業所得の金額の計算上、推計の方法に合理性が認められるか否か（争点２）。

3 争点についての主張

(1) 争点１（本件調査の終了の際の手続に原処分の取消事由となる違法又は不当があ
るか否か。）について

原処分庁	請求人
本件調査の終了の際の手続は、次のとおり、通則法第74条の11第２項、第３項の規定及び本件事務運営指針の別冊の第２章の４の(2)の定めに基づき行われており、原処分の取消事由となる違法又は不当はない。	本件調査の終了の際の手続は、次のとおり、通則法第74条の11第２項、第３項の規定及び本件事務運営指針の別冊の第２章の４の(2)の定めに反しているものであり、原処分の取消事由となる違法又は不当がある。
イ　調査結果の説明 　　本件調査担当職員は、令和２年３月３日、法令に基づく調査結果の説明として、請求人及び請求人の税務代理人であるＹ９税理士（以下、請求人と併せて「請求人ら」という。）に対し、決定をすべきと認めた額及びその理由を含む調査結果の内容を説明した後、本件所得税等各決定処分に係る決定通知書の処分の理由の別表１と同様の「事業所得に係る総収入金額」と題する表、また、本件消費税等各決定処分に係る決定通知書の処分の理由の別表１と同様の「基準期間における課税売上高」と題する表及び別表２と同様の	イ　調査結果の説明 　　本件調査担当職員は、令和２年３月３日、請求人らに対し、法令に基づく調査結果の説明として、本件各調査結果説明メモ及び本件各収入金額内訳説明メモのみを説明した。 　　請求人らは、原処分の総収入金額の合計額から税額算出までの計算方法の説明と取引先別の収入金額の合計額についての説明は受けたものの、取引先ごとの詳細な取引年月日、取引金額、決済方法、取引内容（以下「総収入金額の内訳」という。）及び消費税等の課税取引にならない金額については説明を受けていない。

「課税期間分の課税標準額」と題する表（以下「本件各収入金額内訳説明メモ」という。）を交付し、その内訳の説明を行った。

なお、本件調査担当職員は、本件調査中の令和元年9月25日、請求人らに対し、本件売上入金口座の年月日ごとの取引履歴をまとめた「売上（全体）」という表題の書面（以下「取引履歴表」という。）を示し、収入金額を把握した状況を説明するとともに、請求人らに確認をしてもらいながら質問検査を行っている。

また、本件調査担当職員は、法令に基づく調査結果の説明より前の令和2年2月21日に、請求人らに対して「所得税の計算」と題する表、「消費税の計算（本則)」と題する表及び「納税額合計一覧表」と題する表（以下「本件各調査結果説明メモ」という。）を示し、調査結果についての説明を行っており、調査中からその終了に至るまでに調査内容についての説明を十分に尽くしている。

ロ　期限後申告の勧奨

そのため、請求人らは、本件調査担当職員に対し、総収入金額の内訳を説明してほしいと要望したが、本件各収入金額内訳説明メモのほかは見せられないとして拒否された。

以上のことからすれば、本件調査担当職員は、原処分理由を含む調査内容を明らかにしなかったものといえる。

なお、原処分庁は、本件調査担当職員が令和元年9月25日に請求人らに対して「取引履歴表」を提示したと主張するが、かかる事実はない。

また、請求人らは、法令に基づく調査結果の説明前の令和2年2月21日に行われた説明の際にも、本件調査担当職員に対し、総収入金額の内訳の説明をしてほしいとお願いしたが、本件調査担当職員は、説明義務は法定されていない旨述べるにとどまり、総収入金額の内訳を説明しなかった。

以上によれば、本件調査は、本件事務運営指針の別冊の第2章の4の(2)に定められている「納税義務者の理解が得られるような十分な説明を行うとともに、納税者から質問等があった場合には、分かりやすく回答するよう努める」ことが行われていないものである。

ロ　期限後申告の勧奨

通則法第74条の11第3項の規定及び本件事務運営指針の別冊の第2章の4の(3)の定めには、調査結果の説明から期限後申告書を提出するまでの期間に関する定めはないところ、本件調査担当職員は、本件調査の過程において、請求人らに対し、収入金額の検討及び真実の取引金額を明らかにするよう再三にわたり求めたが、請求人らは5か月もの間、何も回答しなかったことから、令和2年3月3日、法令に基づく調査結果の説明を行った上で、期限後申告の勧奨を行ったものである。	本件調査担当職員は、請求人の総収入金額の内訳を示さないまま、期限後申告書の提出期限を法令に基づく調査結果の説明が行われた日の3日後と定め、請求人らに提出するよう勧奨したが、提示された本件各収入金額内訳説明メモは、与えられた期間では見直すことができる内容ではなく、あまりにも性急な勧奨である。

(2) 争点2（事業所得の金額の計算上、推計の方法に合理性が認められるか否か。）について

原処分庁	請求人
以下のとおり、推計の方法には合理性が認められる。 イ　推計の基礎となる総収入金額 　(イ)　請求人らは、本件調査の過程において、本件売上入金口座に入金があるものは原則として本件事業に係る売上げである旨申述していることから、原処分庁は、入金額を基に総収入金額を把握した。 　　また、本件帳簿書類の作成、保存がなく、請求人が主張するところの預り金として経理していた事実を確	以下のとおり、推計の方法には合理性が認められない。 イ　推計の基礎となる総収入金額 　(イ)　原処分庁が算定した総収入金額には、総収入金額に当たらない自動車税等の預り金や本件事業に係る売上げではないものが含まれている。 　　また、自動車の販売形態は、全て顧客からの依頼に基づく委託販売であるため、自動車販売に係る入金の全額が売上げとなるのではなく、うち委託販売手数料のみが売上げとな

認することができなかったことから、請求人が受領した金額をもって総収入金額とした。	る。
(ロ) 請求人らは、総収入金額には請求人の売上げではないものが含まれている旨主張するが、本件調査担当職員は、本件売上入金口座への入金履歴を基に取引先を調査し、その取引先からの回答を基に請求人の売上げの金額を認定したものである。	(ロ) 平成26年分の所得税等の原処分に係る決定通知書の処分の理由の別表1に記載があるY10からの入金額3,283,553円は、自動車の販売代金ではないため、請求人の売上げではない。 　また、平成28年分の所得税等の原処分に係る決定通知書の処分の理由の別表1に記載があるY11からの入金額180,000円は、弟のY5個人が所有していたジェットスキーの台車の売却代金の入金であり、請求人の売上げではない。
ロ　推計に用いる同業者の類似性 　　請求人は、自動車整備業のほか、自ら自動車を仕入れてインターネット等を通じて販売している事実が認められるから、自動車整備業及び自動車販売業を営む者を類似同業者の抽出基準としたことには合理性がある。	ロ　推計に用いる同業者の類似性 　　請求人の事業は自動車整備業のみで、自動車販売は附帯的に行っているだけであるから、原処分庁が、自動車整備業及び自動車販売業を営む者を類似同業者の抽出基準としていることには合理性がない。

4　当審判所の判断

(1)　争点1（本件調査の終了の際の手続に原処分の取消事由となる違法又は不当があるか否か。）について

イ　法令解釈

　(イ)　通則法は、第7章の2《国税の調査》において、国税の調査の際に必要とされる手続を規定しているが、同章の規定に反する手続が課税処分の取消事由と

— 142 —

なる旨を定めた規定はなく、また、調査手続に瑕疵があるというだけで納税者が本来支払うべき国税の支払義務を免れることは、租税公平主義の観点からも問題があると考えられるから、調査手続に単なる違法があるだけでは課税処分の取消事由とはならないものと解される。

　もっとも、通則法は、通則法第25条《決定》の規定による決定処分について、「調査により」行う旨規定しているから、課税処分が何らの調査なしに行われたような場合には、課税処分の取消事由となるものと解される。そして、これには、調査を全く欠く場合のみならず、課税処分の基礎となる証拠資料の収集手続（以下「証拠収集手続」という。）に重大な違法があり、調査を全く欠くのに等しいとの評価を受ける場合も含むものと解され、他方で、証拠収集手続自体に影響を及ぼさない手続の違法は、上記の原則どおり、課税処分の取消事由となるものではないというべきである。

(ロ)　本件事務運営指針は、上記１の(2)のロの(イ)のとおり、その趣旨において、調査手続の実施に当たっての基本的な考えを示した上、その調査手続の趣旨及び目的に沿って、法令を遵守した適正な調査の遂行を図るために、その税務署長の裁量権の範囲を示したものであり、当審判所においても、相当であると認められる。

ロ　認定事実

　請求人提出資料、原処分関係資料並びに当審判所の調査及び審理の結果によれば、以下の事実が認められる。

(イ)　本件調査担当職員は、令和２年３月３日、Ｙ12税務署において、請求人らに対し、通則法第74条の11第２項の規定に基づく調査結果の内容の説明をすることを伝えた上で、本件各調査結果説明メモを提示し、本件帳簿書類の保存がされていなかったことから、請求人と業種、業態に類似性があり、事業規模が同規模程度等であると判断した同業者（以下「本件類似同業者」という。）の総収入金額に占める所得金額（ただし、青色申告者に対してのみ認められる青色事業専従者給与等の特典を控除する前の所得金額をいう。）の割合を算出してその平均値（以下「同業者平均所得率」という。）を用いて推計課税の方法により決定等をすべきと認めた所得金額を算出したことなどを説明した。

　なお、この際、請求人らは、上記説明のあった収入金額、所得率、所得金額

及び税額等を、持参した表に書き写した。

㈠　本件調査担当職員は、調査結果の内容の説明後、通則法第74条の11第3項の規定に基づく期限後申告の勧奨を行い、期限後申告書を提出した場合には不服申立てをすることはできないが更正の請求をすることはできる旨を説明するとともに、その旨を記載した「修正申告等について」と題する書面を請求人に交付し、請求人は、その控えに署名押印した。

　　また、本件調査担当職員は、請求人らの求めに応じ、本件各収入金額内訳説明メモを提示して、その内容を説明した。

㈢　請求人らは、令和2年3月5日、本件各収入金額内訳説明メモに記載されている各取引先の取引ごとの総収入金額の内訳が示されなければ期限後申告の勧奨に応じない旨申し述べた。

ハ　検討

㈠　上記ロの認定事実によれば、本件調査担当職員は、令和2年3月3日の時点において把握していた資料に基づき、本件各調査結果説明メモ及び本件各収入金額内訳説明メモを作成した上で、請求人らに対し、これらを示しながら、当該説明メモの各欄に記載した金額の基となった調査内容の説明及びその計算方法などを説明していると認められるところ、本件調査担当職員は、通則法第74条の11第2項に規定する「調査結果の内容」の説明を、本件事務運営指針の趣旨及び目的に沿って行っていると認められる。

　　この点、請求人は、上記3の⑴の「請求人」欄のイのとおり、令和元年9月25日に本件調査担当職員が示したとする「取引履歴表」は提示されておらず、本件調査担当職員から、総収入金額の内訳が説明されることはなかったところ、このことは、通則法第74条の11第2項の規定に反し、また、本件事務運営指針の別冊の第2章の4の⑵に定められている「納税義務者の理解が得られるような十分な説明」や「納税義務者からの質問には分かりやすく回答するよう努める」ことも行われていないものであり、原処分を取り消すべき違法、不当に当たる旨主張する。

　　しかしながら、通則法第74条の11第2項に規定する「調査結果の内容」の説明が、本件事務運営指針の趣旨及び目的に沿って行われたことは、上記のとおりである。

また、上記イの(イ)のとおり、証拠収集手続に重大な違法があった場合には、課税処分の取消事由になるものと解されるところ、仮に調査結果の内容の説明に不十分な点が認められたとしても、そのことは、調査終了の際の手続であって、既に行われた証拠収集手続ではないから、原処分を取り消すべき事由には当たらない。

(ロ) 請求人は、上記3の(1)の「請求人」欄のロのとおり、原処分庁が総収入金額の内訳を示さないまま期限後申告書の提出期限を、法令に基づく調査結果の説明が行われた日の3日後と定め、請求人らに提出するよう勧奨したことについて、当該説明の際に提示された本件各収入金額内訳説明メモの内容は、与えられた期間では見直すことができるようなものではないから、上記勧奨は、あまりにも性急で、かつ、通則法第74条の11第3項の規定及び本件事務運営指針の定めに反したもので、違法又は不当である旨主張する。

しかしながら、通則法第74条の11は、請求人の主張するような期限に関する事項について規定していない上、期限後申告の勧奨は、本件事務運営指針の趣旨及び目的に沿って、上記ロの(ロ)のとおり適法かつ正当に行われている。

(ハ) 以上のとおり、本件調査の終了の際の手続は、原処分の取消事由となる違法又は不当があるものとは認められないから、請求人の主張にはいずれも理由がない。

(2) 争点2（事業所得の金額の計算上、推計の方法に合理性が認められるか否か。）について

イ 推計の必要性について

請求人は、事業所得の金額を推計の方法により算定することについて争わない。

そして、当審判所の調査の結果、請求人は、上記1の(3)のハ及びニのとおり、本件調査の際、本件調査担当職員の帳簿書類の提示要求に対し、帳簿書類の作成、保存はしていない旨申述し、本件調査担当職員にその提示をしなかったと認められる。そのため、本件調査担当職員は、本件各年分の請求人の事業所得の金額を資料により直接確認することができなかったことから、原処分時の推計の必要性はあったと認められる。

また、請求人は、本審査請求において、当審判所に対しても、本件各年分の事業所得の金額を取引実績額に基づく損益計算（実額計算）の方法により算定する

に足る帳簿書類等の資料を提出しないことから、当審判所においても推計の方法により本件各年分の事業所得の金額を算定せざるを得ない。

ロ　認定事実

　　請求人提出資料、原処分関係資料並びに当審判所の調査及び審理の結果によれば、以下の事実が認められる。

(イ)　原処分庁は、別表3の各年分の「原処分庁主張額」欄のとおり、請求人の本件各年分の事業所得に係る総収入金額を算定した。

(ロ)　原処分庁は、上記(イ)のとおり算定した総収入金額から、本件類似同業者を抽出して同業者平均所得率を求め、これを上記(イ)の総収入金額に乗じて本件各年分の事業所得の金額を算定した。

(ハ)　原処分庁は、本件類似同業者について、本件各年分において、①自動車小売、自動車卸売、自動車整備及びその他の車両修理業を営む個人で兼業しておらず、青色事業専従者を有していないこと、②原処分庁の管轄区域内に納税地を有すること、③青色申告書により所得税の確定申告書を提出していること、④年間を通じて事業を営む者であり、かつ、災害等により経営状態が異常であると認められないこと、⑤本件各年分の事業所得に係る総収入金額が、請求人の当該金額の0.5倍以上2倍以下の範囲にあること（以下、この基準を「倍半基準」という。）、⑥複数の事業所を有していないこと、⑦不服申立て又は訴訟が係属中でないことの各基準の全てを満たす者を機械的に抽出した。

ハ　検討

(イ)　推計の方法の合理性について

　　原処分庁は、上記ロの(ロ)のとおり、本件各年分の総収入金額に本件類似同業者の同業者平均所得率を乗じて、請求人の本件各年分の事業所得の金額を計算している。

　　業種、業態及び事業規模に類似性のある同業者にあっては、特段の事情がない限り、同程度の総収入金額に対し同程度の所得を得るのが通例であり、また、同業者間に通常存する程度の営業条件の差異は、同業者の比率から平均値を算出する過程において捨象されることからすれば、上記ロの(ハ)の基準により抽出された本件類似同業者の同業者平均所得率をもって所得金額を推計する方法は、本件類似同業者に類似性が認められ、かつ、その基礎数値等が正確なものであ

る限り、合理性を有すると認められる。

㈹ 本件各年分の総収入金額の正確性について

原処分庁は、上記ロの㈹のとおり、請求人の取引先等に対する調査により本件各年分の総収入金額を算定しているところ、請求人の上記3の(2)の「請求人」欄のイの主張について、当審判所が調査した結果は以下のとおりである。

A 自動車税等の預り金について

請求人は、原処分庁が算定した総収入金額には、含まれるべきでない自動車税等の預り金が含まれている旨主張する。

この点、当審判所の調査によると、原処分庁が算定した各年分の総収入金額には、別表6ないし別表10の「原処分庁主張額」欄の「左記の内課税取引とならないもの」欄の「合計」欄の金額に相当する金額（平成26年分1,063,540円、平成27年分149,860円、平成28年分287,750円、平成29年分394,790円及び平成30年分248,750円）が預り金として含まれていることが認められた。

したがって、当該預り金の金額は、各年分の総収入金額から差し引くべきと認められる。

B 委託販売手数料について

請求人は、同人の自動車の販売形態について、顧客からの依頼を受けて自動車を売買する委託販売であるから、委託販売手数料のみが請求人の売上げになる旨主張する。

しかしながら、当審判所の調査によっても、請求人が、自動車を販売、購入した都度、販売先や購入先から委託販売手数料を受け取る契約をしていた事実は認められず、また、販売先や購入先が委託販売手数料を支払っていた事実も、請求人がそれを受け取っていた事実も認められず、ほかに請求人の販売形態が委託販売であった事実を認めるに足りる証拠もない。

また、請求人は、当審判所に対し、請求人と取引があったと認められる者が作成した「請求人に自動車の販売を依頼し、請求人から代行手数料を差し引いた代金を受け取った」旨の申述書を提出したところ、当該申述書の記載内容はほかにそのことを裏付ける証拠もないことから、その記載内容のみをもって、請求人が委託販売の販売形態で自動車の販売を行っていたとまで認めることはできない。

したがって、請求人の主張を採用することはできない。

C　Y10からの入金額3,283,553円について（平成26年分）

　請求人は、Y10からの入金額3,283,553円は、自動車の販売代金ではないから、請求人の売上げには当たらない旨主張する。

　この点、当審判所の調査によると、クレジット会社であるY13社とY10との間には、平成26年3月15日付で、請求人からの自動車購入に係るオートクレジット契約（契約金額3,000,000円）が結ばれ、①同年3月20日に、Y13社から上記1の(3)のロの(ロ)の預金口座に、当該契約金額3,000,000円に販促費21,600円を加算した3,021,600円から振込手数料525円を差し引いた3,021,075円が振り込まれている事実が認められる。

　一方、当該契約は、その後、Y10の都合による解約の申出がされ、②同年6月23日、上記1の(3)のロの(ロ)の預金口座にY10から3,283,553円（①の3,021,600円に解約手数料60,000円及び誤返金額201,953円を加えた金額）が振り込まれ、③同日付で請求人がY13社に返金している事実が認められる。

　以上によれば、上記②の3,283,553円は、オートクレジット契約の解約に係る入金であると認められることから、原処分庁が上記1の(3)のロの(ロ)の預金口座への入金を基に請求人の売上げと認定したY10からの入金額3,283,553円は、請求人の売上げとは認められない。

　なお、原処分庁は、上記①のY13社からの入金額3,021,600円についても請求人の売上げと認定していたが、これもオートクレジット契約の申込みに係る入金であるため、請求人の売上げとは認められない。

　その結果、Y10からの入金額3,283,553円及びY13社からの入金額3,021,600円の合計額6,305,153円は、請求人の売上げとは認められないこととなる。

D　Y11からの入金額180,000円について（平成28年分）

　請求人は、Y11からの入金額180,000円は、請求人の実弟であるY5個人が所有していたジェットスキーの台車を売却した代金であるから、請求人の売上げには当たらない旨主張する。

　この点、当審判所の調査によると、当該ジェットスキーの台車の売却先であるY11において作成された伝票類にはY5個人の名義が記載され、また、Y11の店長であるY14は、請求人と面識はなく、当該ジェットスキーの台車

の取引の相手方はＹ５個人である旨答述しており、この点、請求人の主張内容と符合している。

　併せて、Ｙ14は、事業者との取引の際はおよそ売主側から請求書を提出してもらうのが通例であるところ、上記取引は、顔見知りのＹ５との個人取引であったため、Ｙ14が店舗備付けの一般顧客用の白紙の請求書に代筆して作成し、押印は省略した旨答述しており、それを裏付ける証拠も認められる。

　以上の事実に、上記取引のほかは、請求人や請求人の屋号であるＹ３及びＹ５との取引は認められないことを照らし合わせると、Ｙ11からの入金額180,000円は、Ｙ11が顔見知りの間柄であるＹ５個人と行った単発取引であったと推認され、当審判所の調査の結果によっても、ほかに請求人の主張と異なる事実を認めるに足りる証拠はない。

　以上によれば、Ｙ11からの入金額180,000円は、Ｙ５所有のジェットスキーの台車の売却に係るものと認められる。

　したがって、原処分庁が上記１の(3)のロの(ハ)の預金口座への入金を基に請求人の売上げと認定したＹ11からの入金額180,000円は、請求人の売上げとは認められない。

Ｅ　上記ＡないしＤのとおり、本件各年分の総収入金額に預り金（平成26年分1,063,540円、平成27年分149,860円、平成28年分287,750円、平成29年分394,790円及び平成30年分248,750円）及び請求人の売上げとは認められない金額（平成26年分6,305,153円及び平成28年分180,000円）が含まれていたことが認められたため、以上に基づき本件各年分の総収入金額を算定すると、別表３の各年分の「審判所の認定額」欄の「合計」欄のとおりとなる。

(ハ)　選択した推計方法の合理性について

　原処分庁が採用した選定基準は、上記ロの(ロ)及び(ハ)のとおり、業種及び業態の同一性、事業所の近接性、事業規模の近似性等からして、請求人との類似性を判別する要件として合理性を有するものであり、また、その選定過程も適切なものである。そして、同業者平均所得率の算定に使用した資料は、いずれも帳簿書類等が整っている青色申告者の決算書であって、その内容も税務署長との間で争いのないものであるから、その信頼性ないし正確性は高いものであり、さらに、本件類似同業者の件数も、各同業者の個別性を平均化するに足るもの

ということができるため、本件類似同業者と請求人との間には類似性があり、原処分庁の本件類似同業者の抽出基準及び抽出方法は、一応の合理性を有するものであると認められる。

㈡　本件類似同業者の抽出及び同業者平均所得率の算定について

　　当審判所の調査において上記ロの㈥の①ないし⑦の抽出基準により選定されるべき類似同業者及び同業者平均所得率を検討した結果は、以下のとおりである。

　A　平成26年分については、上記㈦のＥのとおり、同年分の総収入金額は7,368,693円（預り金1,063,540円と売上げと認められない金額6,305,153円の合計額）減額となるため、当該総収入金額に基づく倍半基準により類似同業者の抽出を行うと、別表４－１の「類似同業者」欄のＧからＱが請求人の類似同業者に当たると認められる。

　B　平成27年分については、上記㈦のＥのとおり、同年分の総収入金額は149,860円減額となるものの、当該総収入金額に基づく倍半基準によっても、抽出していた別表４－２の類似同業者に異動は認められなかった。

　C　平成28年分については、上記㈦のＥのとおり、同年分の総収入金額は467,750円（預り金287,750円と売上げと認められない金額180,000円の合計額）減額となるものの、当該総収入金額に基づく倍半基準によっても、抽出していた別表４－３の類似同業者に異動は認められなかった。なお、「類似同業者」欄のＧ、Ｈ、Ｊ、Ｎ、Ｑ及びｆについては、同表「原処分庁主張額」欄の「③特前所得率」欄の計算に誤りがあると認められた。

　D　平成29年分については、上記㈦のＥのとおり、同年分の総収入金額は394,790円減額となるため、当該総収入金額に基づく倍半基準により類似同業者の抽出を行うと、別表４－４の「類似同業者」欄のＧからｒが請求人の類似同業者に当たると認められる。なお、同欄のｅは、青色事業専従者を有する者であると認められ、また、Ｇ、Ｋ、Ｌ及びｈについては、同表「原処分庁主張額」欄の「③特前所得率」欄の計算に誤りがあると認められた。

　E　平成30年分については、上記㈦のＥのとおり、同年分の総収入金額は248,750円減額となるものの、当該総収入金額に基づく倍半基準によっても、抽出していた別表４－５の類似同業者に異動は認められなかった。なお、同

表「類似同業者」欄のK及びZの「原処分庁主張額」欄の「③特前所得率」欄の計算に誤りがあると認められた。

F　上記AないしEによれば、本件類似同業者（平成26年分が6件、平成27年分が17件、平成28年分が20件、平成29年分が23件、平成30年分が17件）以外に同業者として抽出することが適当と認められる者が、平成26年分に3件及び平成29年分に1件認められ、また、本件類似同業者のうち同業者として抽出することが不適当と認められる者が、平成29年分に1件認められた。さらに、平成28年分ないし平成30年分にそれぞれ「原処分庁主張額」欄の「③特前所得率」欄の計算に誤りがあると認められたことから、これを基に算定した別表4の各年分の「審判所の認定額」欄の「同業者平均所得率」欄の数値をもって、本件各年分の同業者平均所得率とするのが相当である。

なお、当審判所において上記算定をし直した後の件数は、別表4のとおり、平成26年分が9件、平成27年分が17件、平成28年分が20件、平成29年分が23件及び平成30年分が17件であり、同業者の個別性を平均化するに不足はない。

(ホ)　事業所得の金額の算定について

以上を基に請求人の本件各年分の事業所得の金額を算定した結果は、次のとおりである。

A　本件各年分の同業者平均所得率

当審判所が選定した類似同業者について本件各年分の同業者平均所得率を算定すると、それぞれ別表4の本件各年分の「同業者平均所得率」欄のとおり、平成26年分が4.75％、平成27年分が7.96％、平成28年分が6.26％、平成29年分が6.66％及び平成30年分が6.32％となる。

B　本件各年分の事業所得の金額

請求人の本件各年分の事業所得の金額は、上記(ロ)のEの本件各年分の総収入金額に上記Aの同業者平均所得率を乗じ計算すると、別表5の各年分の「審判所認定額」欄の「事業所得の金額」欄のとおり、平成26年分が○○○○円、平成27年分が○○○○円、平成28年分が○○○○円、平成29年分が○○○○円及び平成30年分が○○○○円となる。

ニ　請求人の主張について

請求人は、上記3の(2)の「請求人」欄のロのとおり、請求人の事業は自動車整

— 151 —

備業のみで、自動車販売は附帯的に行っているだけであるから、原処分庁が、自動車整備業及び自動車販売業を営む者を類似同業者の抽出基準としていることには合理性がない旨主張する。

しかしながら、上記ハの(ロ)のBのとおり、請求人は、自動車整備業だけでなく自動車の販売も行っていると認められる以上、原処分庁が、上記ロの(ハ)の抽出基準において、自動車整備業及び自動車販売業を営む者を請求人の類似同業者としたことは相当である。

また、本件類似同業者の抽出基準及び抽出方法に一応の合理性があることは、上記ハの(ハ)のとおりである。

したがって、請求人の主張は理由がない。

(3) 本件所得税等各決定処分の適法性について

当審判所で認定した請求人の本件各年分の事業所得の金額は、別表5の各年分の「審判所認定額」欄の「事業所得の金額」欄のとおりとなり、総所得金額もこれと同額になる。そして、当該総所得金額に基づき請求人の本件各年分の請求人の納付すべき税額を算出すると、同表の各年分の「審判所認定額」欄の「納付すべき税額」欄のとおり、平成26年分○○○○円、平成27年分○○○○円、平成28年分○○○○円、平成29年分○○○○円及び平成30年分○○○○円となり、いずれも原処分額（平成26年分○○○○円、平成27年分○○○○円、平成28年分○○○○円、平成29年分○○○○円及び平成30年分○○○円）を下回るから、平成26年分ないし平成30年分の各決定処分はいずれもその一部を別紙1ないし別紙5の「取消額等計算書」のとおり取り消すべきである。

なお、本件各年分の各決定処分のその他の部分については、請求人は争わず、当審判所に提出された証拠資料等によっても、これを不相当とする理由は見当たらない。

(4) 本件所得税等各賦課決定処分の適法性について

上記(3)のとおり、本件各年分の各決定処分の一部が取り消されることに伴い無申告加算税の基礎となる税額は、それぞれ、平成26年分○○○○円、平成28年分○○○○円、平成29年分○○○○円及び平成30年分○○○○円となるところ、当該決定処分により納付すべき税額の計算の基礎となった事実が当該決定処分前の税額の計算の基礎とされていなかったことについて、通則法第66条《無申告加算税》第1項

ただし書に規定する「正当な理由」があるとは認められない。そして、これに基づき各年分の所得税等に係る無申告加算税の額を計算すると平成26年分○○○○円、平成28年分○○○○円、平成29年分○○○○円及び平成30年分○○○○円となり、平成26年分、平成28年分及び平成29年分については、いずれも原処分額と同額になる。

したがって、同条第1項の規定に基づきされた平成26年分、平成28年分及び平成29年分の無申告加算税の各賦課決定処分は適法であり、また、平成30年分については、原処分額（○○○○円）を下回るから、当該年分の無申告加算税の賦課決定処分はその一部を別紙5の「取消額等計算書」のとおり取り消すべきである。

(5) 本件消費税等各決定処分の適法性について

当審判所で認定した請求人の本件各課税期間に係る基準期間における課税売上高は、いずれも1,000万円を超えており、請求人は、本件各課税期間において、消費税法第9条《小規模事業者に係る納税義務の免除》第1項の規定の適用を受けない。

また、請求人は、上記1の(3)のハのとおり、本件各課税期間において、消費税法第30条《仕入れに係る消費税額の控除》第7項に規定する課税仕入れ等の税額の控除に係る帳簿及び請求書等の保存がないことから、同条第1項の規定の適用はない。

イ 平成26年課税期間及び平成28年課税期間の各決定処分について

請求人の平成26年課税期間及び平成28年課税期間の課税売上高は、別表6及び別表8の「審判所認定額」欄の「課税取引金額」欄の「合計」欄のとおりとなり、また、課税標準額は、別表11の各課税期間の「審判所認定額」欄の「課税標準額」欄のとおりとなるところ、これらに基づき計算した平成26年課税期間及び平成28年課税期間の消費税等の額は、同表の各年分の「審判所認定額」欄の「納付すべき消費税等の合計額」欄のとおり、○○○○円及び○○○○円となり、いずれも原処分額（平成26年課税期間○○○○円及び平成28年課税期間○○○○円）を下回るから、平成26年課税期間及び平成28年課税期間の各決定処分はいずれもその一部を別紙6及び別紙7の「取消額等計算書」のとおり取り消すべきである。

なお、平成26年課税期間及び平成28年課税期間の各決定処分のその他の部分については、請求人は争わず、当審判所に提出された証拠資料等によっても、これを不相当とする理由は見当たらない。

ロ 平成27年課税期間、平成29年課税期間及び平成30年課税期間の各決定処分につ

いて

　請求人の平成27年課税期間、平成29年課税期間及び平成30年課税期間の課税売上高は、別表7、別表9及び別表10の「審判所認定額」欄の「課税取引金額」欄の「合計」欄のとおりとなり、また、課税標準額は、別表11の各課税期間の「審判所認定額」欄の「課税標準額」欄のとおりとなるところ、これらに基づき計算した平成27年課税期間、平成29年課税期間及び平成30年課税期間の消費税等の額は、いずれも原処分額と同額となる。

　そして、平成27年課税期間、平成29年課税期間及び平成30年課税期間の各決定処分のその他の部分については、請求人は争わず、当審判所に提出された証拠資料等によっても、これを不相当とする理由は認められない。

　したがって、平成27年課税期間、平成29年課税期間及び平成30年課税期間の各決定処分はいずれも適法である。

(6)　本件消費税等各賦課決定処分の適法性について

　イ　平成26年課税期間及び平成28年課税期間の各賦課決定処分について

　　上記(5)のイのとおり、平成26年課税期間及び平成28年課税期間の各決定処分の一部が取り消されることに伴い、平成26年課税期間及び平成28年課税期間の無申告加算税の基礎となる税額は、それぞれ○○○○円及び○○○○円となるところ、当該決定処分により納付すべき税額の計算の基礎となった事実が当該決定処分前の税額の計算の基礎とされていなかったことについて、通則法第66条第1項ただし書に規定する「正当な理由」があるとは認められない。そして、同条第1項及び第2項並びに地方税法附則第9条の4《譲渡割の賦課徴収の特例等》及び第9条の9《譲渡割に係る延滞税等の計算の特例》第1項の規定に基づき平成26年課税期間及び平成28年課税期間の消費税等に係る無申告加算税の額を計算すると○○○○円及び○○○○円となり、いずれも原処分額（平成26年課税期間○○○○円及び平成28年課税期間○○○○円）を下回るから、平成26年課税期間及び平成28年課税期間の無申告加算税の賦課決定処分は、いずれもその一部を別紙6及び別紙7の「取消額等計算書」のとおり取り消すべきである。

　ロ　平成27年課税期間、平成29年課税期間及び平成30年課税期間の各賦課決定処分について

　　上記(5)のロのとおり、平成27年課税期間、平成29年課税期間及び平成30年課税

期間の各決定処分はいずれも適法であり、当該各課税期間に係る期限内申告書の提出がなかったことについて、いずれも通則法第66条第1項ただし書に規定する「正当な理由」があるとは認められない。そして、同条第1項及び第2項並びに地方税法附則第9条の4及び第9条の9第1項の規定に基づいて無申告加算税の額を計算すると、いずれも原処分額と同額となることから、平成27年課税期間、平成29年課税期間及び平成30年課税期間の無申告加算税の賦課決定処分はいずれも適法である。

(7) 結論

よって、審査請求には理由があるから、原処分の一部を取り消すこととする。

別表 1　審査請求に至る経緯（所得税等）（省略）

別表 2　審査請求に至る経緯（消費税等）（省略）

別表 3　本件各年分の総収入金額の内訳（省略）

別表 4　同業者平均所得率（省略）

別表 5　事業所得の金額及び納付すべき税額等（省略）

別表 6　平成26年課税期間の課税売上高の内訳（省略）

別表 7　平成27年課税期間の課税売上高の内訳（省略）

別表 8　平成28年課税期間の課税売上高の内訳（省略）

別表 9　平成29年課税期間の課税売上高の内訳（省略）

別表10　平成30年課税期間の課税売上高の内訳（省略）

別表11　消費税等の課税標準額及び納付すべき税額等（省略）

別紙 1 から 7　取消額等計算書（省略）

裁決事例集（第122集）

令和3年11月8日　初版印刷
令和3年11月22日　初版発行

不許複製

（一財）大蔵財務協会　理事長
発行者　木　村　幸　俊

発行所　一般財団法人　大　蔵　財　務　協　会
〔郵便番号　130-8585〕
東京都墨田区東駒形1丁目14番1号
（販　売　部）TEL 03（3829）4141・FAX 03（3829）4001
（出版編集部）TEL 03（3829）4142・FAX 03（3829）4005
URL　http://www.zaikyo.or.jp

本書は、国税不服審判所ホームページ掲載の『裁決事例集No.122』より転載・編集したものです。

落丁・乱丁は、お取替えいたします。　　印刷　㈱恵友社
ISBN978-4-7547-2961-5